變老不可怕
只要你做好準備

心理學博士用科學證據破除老化迷思
陪你一起**迎向美好的第三人生**

英國約克大學
心理學博士
黃揚名——著

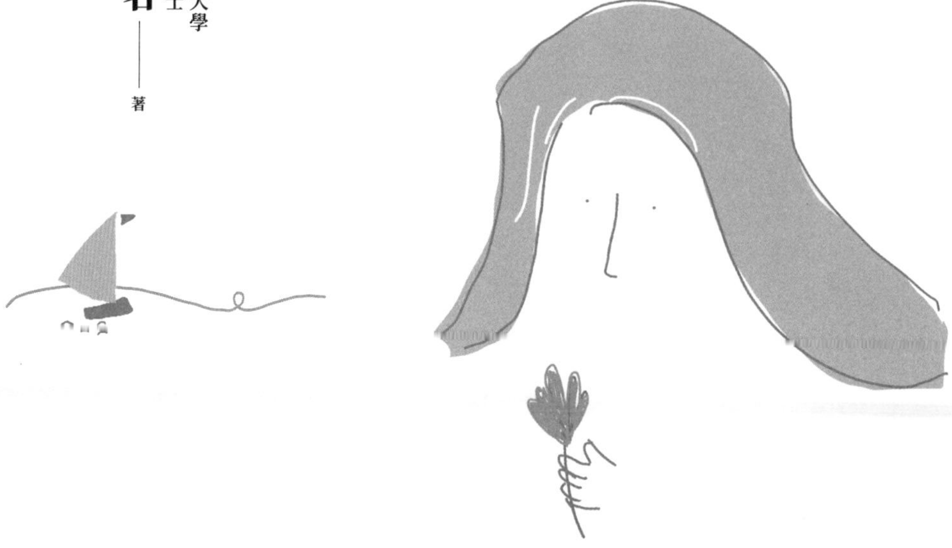

推薦專文

變老只有一次機會，你應該好好把握

新北市愛笑瑜伽協會創會理事長　王淑芳

兒子從五歲開始踢足球，現在十五歲了，十年來，足球隊的孩子們一起運動，一起成長，家長們也成為好朋友。暑假帶孩子露營，是最開心的事情，孩子們小學踢足球、國中打籃球、高中愛打排球，當然也一起打電動！爸媽們從小時候忙碌地張羅吃喝拉撒，到現在連帳棚都是孩子搭，越來越輕鬆了，但因為孩子們接連而來的考試、補習與各自不同學校活動等等原因，聚在一起的時間也越來越少了。孩子們已經規劃未來自己組團出國去玩，家長們也得放手讓他們自己飛！

邁入熟齡的我們，真的老了！是被孩子追著老，還是身體、心理哪裡老了？陪著孩子成長是最幸福的事，那麼誰來陪我們變老？十七、八歲的孩子們對未來充滿好奇，急著體驗各種人生經歷，談戀愛、找工作、到處玩，享受不被家長管制的日子，而即將面臨空巢期，面臨老化的我們對未來也充滿好奇嗎？看看我們的父母，他們是如何度過晚年的，我們也會跟他們一樣嗎？

關於老化議題，二〇一七年黃揚名博士出版《心的年齡，你決定就算數》，我特別邀請他來我的廣播節目中分享，他認為變老只有一次機會，你當好好把握！他的觀點對我來說有點衝擊，因為那時父親因久病厭世，剛過世不久。我也開始思考，怎麼活好第三人生，的確不能靠經驗，不能靠想像，更不能道聽塗說，但更不能走錯路，因為只有一次機會。

黃揚名博士的這本新書，從認知、人際、情緒、價值等角度，以一十八道大家常聽到的老化問題，透過科學的研究與客觀的數據為我們找答案，尤其是「科普小教室」與「不要被誤導了」單元，更值得好好分享！

有別於我的著作《熟齡生活齊步走》記錄被我服務的長輩們的人生智慧與啟示，《變老不可怕，只要你做好準備》用科學與理性的方法，為變老過程提出問題並找到解答！希望這本書能造福更多正在面臨老化的我們。

推薦專文

跟著揚名一起老準沒錯！

七分熟創齡推動發展平台創辦人　周妮萱（凱特）

我以前從不相信有能夠將心比心，跨年齡理解兒童、青年、中年到老年，「通吃」的科學家，直到認識了本書的作者——黃揚名老師。

和老師初次見面是將近八年前，當時我擔任一間以創齡（Creative Ageing）為內容的咖啡館的服務設計經理。有次想邀請能夠對高齡議題談出有趣觀點的講者，那時的我與老師素昧平生，然而從他的文章和訪談，我感受到這是一位外表冷靜，內心應有著澎湃熱血的教授，直覺告訴我：這教授有趣！必須聊聊。

最終，我們的第一場演講合作，也在一個風雨交加但場內歡笑不斷的夜晚完成，老師以其平易近人的科普溝通、生動活潑的內容，還有最重要的——冷面笑匠型的幽默感，讓這場演講滿座歡樂。有了如此美好的合作，就此開啟往後我與老師在各種高齡議題中的交流共創。

揚名老師是我遇過少數身處學術界，卻非常能同理並共感實務工作者的夥伴，這讓從事以藝術文化和服務設計為基礎的創齡工作者如我，既能獲得老師這樣一位神隊友，更能從老師的分享中，吸收更多元對於長大變老的科學應用。推動創齡的路上，「藝術」與「科學」成為我鼓勵人們在迎接長大變老旅程時，可以為自己累積的力量；藝術的參與是為了打造一條通往自己的道路，科學的認識則能讓我們理解問題的本質，進而思考行動與計畫的路徑。隨著高齡議題的蓬勃發展，相關的科學研究和資訊排山倒海從不缺乏，真正缺乏的是資訊識別與判斷能力，以及更重要的如同揚名老師所說：「用正確的『心態』面對變老。」

過往（現在也仍是）大眾普遍認為良好的老年生活只與身體的健康與否有關，忽略了生理之外，心理感知及社會參與更是重要；本書透過「認知」、「人際」、「情緒」、「價值」四個篇章，以明快且易懂的提問，引領讀者能夠保持輕鬆但仍有所獲的理解年老的多樣面向。

此外，「科普小教室」及「不要被誤導了」這兩個貼心單元展現的正是老師既懂科普真諦，同時又具備暖男特質的貼心，不僅為中高齡讀者建立「識老」應有的核心能力，提供其認識自我和世界得以與時俱進的指引，更讓所有閱讀此書的不同世代，皆能有機會從中破除對於老年的誤解和歧視。

謝謝老師在出了較有市場性的育兒心理學後，仍不忘每個人都永不回頭的老年議題，再次與出版社推出書名很長很認真的最新力作，希望此書不僅陪伴著我，也能有機會陪伴每一位在這片土地長大變老的夥伴。

推薦專文

做好準備——迎接一個老得起的未來

國立中正大學成人及繼續教育學系教授　林麗惠

根據國家發展委員會的人口推估報告指出，臺灣由高齡社會轉為超高齡社會僅需八年，面對這一波銀浪來襲，各界不斷提出新的對策與方針，試圖緩解大規模急速老化所帶來的衝擊。臺灣在一九九四年訂頒《社會福利政策綱領》，後經行政院於二〇〇四年修正核定，除建立國民年金保險制度來保障老年生活之外，更強調高齡者應及早為老年生活做準備，這本書以「變老不可怕，只要你做好準備」，除了可以帶領讀者認識自己的老化過程，同時也呼應了政府的政策。

若從國際的趨勢來看，從50+開始進行老年生活準備已成為勢不可擋的發展趨勢。綜觀國外探討老年生活準備應該從幾歲開始，韓國首爾市政府認為宜提早制定老年生活準備的計畫，頒布50+綜合支援政策，提倡50～64歲即需開始做準備；美國的encore.org針對五十歲以上的族群提供輔導計畫；德國的Bundesverband 50 Plus計畫旨在提供50+輔導與支援；日本則是提出了退休3.0的概念，建議在五十歲開始啟動第二階段的人生計劃。不論是歐美國家或是日韓，皆意識到提早做老年生活準備的重要，而且各國均一致認為，老年生活準備宜提早從五十歲開始進行。

作者以認知、人際、情緒和價值觀四大領域，教讀者活用心理學，改變對老人的刻板印象，做好進入超高齡社會的心理準備，並將目標讀者的年齡層界定在四十五～七十歲以上，想幫助大家用正確的態度來面對變老這件事情，特別是在心理領域的老化，強調：只有當我們的心態都正確了，才有機會可以面對這個挑戰，並且讓這個挑戰變成是一個轉機；這正是我非常認同且想要積極推廣的理念。

一般社會大眾對於老年生活準備常見的謬誤為：老年已逐步邁向人生的終點，無須規劃或準備，這種似是而非的迷思，也在這本書中獲得解方。在這本書中，我最喜歡的「科普小教室」以及「不要被誤導了」這兩個小專欄，作者希望能夠讓大家有正確的思維，不僅是在閱讀這本書的過程，還有未來在生活中都可以用這樣的思維模式，避免以訛傳訛。

正因為50+處於從工作到老年生活的轉變時期，為變化動盪的階段，大家需要藉由修改或重建來適應新的階段，提早開始進行老年生活準備，能讓每個人重新省視自身的資源，並針對較缺乏之處提出行動規劃，以期維護心理健康。我個人覺得這本書不論是自用或送禮都兩相宜，推薦給各位讀者，相信你讀了之後也會很歡喜！

推薦專文

養身宜養腦，養腦宜養心

國立臺灣大學心理學系暨研究所特聘教授　張玉玲

人生真正智慧在於，先活得好而後安然變老，而非變老後才想著要活得更好。

作為一名臨床神經心理學家，我在實驗室和醫院中與高齡者接觸多年，親眼見證了老化帶來的種種挑戰。雖然老化這一過程難以用美言來形容，但作為科學家，我發現透過科學和智慧，我們可以更好地應對這一不可避免的過程。隨著科技和醫療的進步，人類壽命不斷延長，真正的挑戰在於如何在延長壽命的同時提升生活品質。

根據腦神經科學的研究，人類的各種能力在一生中會經歷不同的變化，這些變化的速度和曲線也各不相同。老化的開始點並不容易用一個固定的年齡來界定。例如，記憶力的巔峰通常出現在二十歲左右，而語言能力則隨著年齡的增長逐步提升，直到七十歲左右才會顯著衰退。如果我們把老化定義為生理或能力的退化，那麼許多老化的跡象在我們青壯年時期就已經開始出現。因此，提前準備是至關重要的。我非常高興看到《變老不可怕，只要你做好準備》這本書的出版。這本書不僅揭示了關於老化的寶貴知識，還提供了具體的方法，幫助我們通過日常生活中的點滴積累來提升健康，更好地應對老化過程。

身體、腦部和心靈之間有著密切的聯繫。過去我們多關注於身體健康，對於養腦和養心的了解相對較少，但這本書正是專注於高齡議題中的養腦與養心。無論是養身、養腦還是養心，「積少成多」都是關鍵原則。就像一條大河不是依賴單一水源，而是由無數次降雨和無數條小溪匯聚而成，我們的健康和幸福也是由眾多小的生活習慣、選擇和日常鍛鍊逐步累積的。黃教授在書中探討了如何通過簡單而有效的技巧，為我們的整體健康提供持續的養分，比如感恩練習、社交活動和腦力訓練等方法。這些日常習慣的積累能幫助我們在老年過程過上更幸福、更安然的生活。

《變老不可怕，只要你做好準備》不僅是一本關於老化的知識指南，更是一本關於如何在生活中積累健康和幸福的實用手冊。我強烈推薦這本書給每一位希望在未來擁有高品質生活的人。無論你的年齡如何，都可以從中獲得寶貴的知識和實用的方法。

推薦專文

讓變老之路變成是一件很酷的事！

社會企業銀享全球共同創辦人　楊寧茵

二〇一六年我們邀請當時擔任IDEO高齡設計部門負責人的葛瑞琴（Grechen Addi）來台北演講。IDEO是一家以設計思考聞名於世的公司，對他們來說，設計不僅僅是為了好看、美觀或是追求創作者認為的獨特新穎，更多的時候是透過觀察、傾聽、訪談、對話等各種方式去理解或預測使用者的需求，然後透過不斷的修改來達到最適產品功能，但也不能偏廢美感。因此，對IDEO來說，深刻了解使用對象以及挖掘他們真實需求是設計過程中非常重要的一環。他們雇用高齡九十二歲的設計師芭芭拉來提供高齡設計最真實的回饋，曾被許多媒體大幅報導，傳為美談。

當時葛瑞琴分享了許多高齡趨勢的前瞻數據與觀察，在八年前臺灣社會對於高齡的論述還是偏重在長照的當時，聽起來非常令人耳目一新。讓我印象很深的一段是她提到Five Happy Facts (about Aging)（五個關於高齡的正向事實）：一、創業的成功率隨著年齡增加；二、高齡者樂於世代交流；三、越老越快樂；四、高齡者積極開展事業第二春，想要對社會有所貢獻；五、創意隨著年紀而增加。

以上每一項都有研究數據提供佐證，許多都顛覆了我們對於高齡的既定想像，每一項都提醒我們：對於超高齡社會的來臨，只要轉變視角和思維，就會有許多新的看見，因著這些看見，我們可以發展出全新的對應之道，這就是為什麼超高齡社會的來臨其實是為人類社會帶來了創新的新機會和動能。

《變老不可怕，只要你做好準備》也是這樣的一本書，透過呈現各式各樣的科學研究數據和報告，透過作者黃揚名的心理學專業，用淺顯易懂的寫作手法和欄目設計，將其轉譯成一般人都能輕鬆閱讀並理解的概念，甚至成為遵行的作法。

變老若是不可避免，每個人怎麼享受這段路的風景就和個人的知識、心境和修為有很大的關聯。這本書有時候像一本指引，讓我們可以安心走在變老的道路上，有時候也像一本小說，讓我們透過案例預見可能會發生的事情。它不僅僅讓我們不需要害怕變老，而是透過準備和理解，用更積極的心態，讓變老之路變成是一件很酷的事！

作者序

用正確的心態面對變老

嗨！又是我，有些朋友可能會覺得有點奇怪，怎麼這個作者出版育兒書，又出版給老人的書籍。殊不知，其實老人領域比較是我的老本行，不管是在教學、研究上，我其實做了比較多跟老人有關的主題。我的第一本非工具類書籍，是在二〇一七年出版的《心的年齡，你決定就算數：面對變老的勇氣》，也是跟老人有關的。

會再次出版老人相關的書籍，最主要的原因就是臺灣真的老太快了，從二〇一八年進入高齡社會，到預計二〇二五年進入超高齡社會，只花了七年的時間，老化的幅度是世界上最快的。連現在老人比我們多的日本，在未來都預計會被臺灣超車。面對這樣的現象，我們做的準備真的太少了，否則近期就不會有那麼多博愛座的衝突事件，或是老老照顧所導致的憾事發生。

我們要準備的，除了讓自己身體健康、有足夠的退休金之外，更重要的是正確的心態。這是我在這本書當中希望傳遞的訊息，我希望透過科學的證據，如實告訴大家，變老究竟會是怎樣的一回事。這本書不是一本用糖衣包裹的書，我不想要讓你對於變老有過於樂觀的想像；但是，我也不希望用研究證據來威脅恐嚇你，如果不怎麼做，就會有很慘的際遇。我想帶著大家理性去看看過去這麼多的研究成果，究竟告訴我們哪些訊息。

我也規劃了「科普小教室」以及「不要被誤導了」這兩個小專欄，希望能夠讓大家有正確的思維，不僅是在閱讀這本書的過程，還有未來在生活中都可以用這樣的思維模式，來看待各種研究發現也好、新聞訊息也好。只要你的思維是正確的，那麼不管未來有多少新的研究發現，你都能夠用理性評估、詮釋，不會被研究結果誤導。

在撰寫本書的過程中，我自己也收穫很多。像是寫關於孤單的主題時，我本來希望找到佐證，來告訴大家孤獨的影響相當於一天抽十五根菸。但是，求證後才發現，根本沒有人做過這樣的研究，這只是一個比喻的說法。然而，這樣的說法卻被媒體廣為宣傳，民眾及專業人士都信以為真，包含我在內。有鑑於書中的內容是比較理性的，我也規劃了比較感性的內容，在我生活中的心理學博士電台的podcast《陪你一起長大變老》單元中，邀請老人相關領域的專家來跟我對談，希望在這樣的安排下，能讓大家有最多的收穫。畢竟，聽完感動人心的故事之後，要知道有怎麼樣具體的作為，否則那就只是一時的感動罷了。

希望我花了很多時間準備的內容，能夠幫助大家用正確的態度來面對變老這件事情，特別是在心理領域的老化。在我成為法定老人之前（若還是六十五歲為門檻，就是二〇四五），臺灣的老人就會超過30%，我們真的不能用舊思維來面對這樣的未來。只有當我們的心態都正確了，我們才有機會可以面對這個挑戰，並且讓這個挑戰變成是一個轉機。

最後想說明一下，我在本書中，刻意使用老人這樣的字眼，而不是用樂齡、銀髮等字眼，原因很簡單，因為我覺得老人這個詞彙，本來就沒有什麼負面的意涵，是我們後來賦予的詮釋，造成我們覺得「老人」這個說法是不好的。其實，不管用銀髮也好、熟齡也好，若你打從心底沒有改變對老的負面意象，那麼就算有一個很動聽的代稱，也是沒用的。希望就從這本書開始，我們都可以用正確的態度來面對變老，一起享受這個改變的過程！

會跟著大家一起長大變老的黃揚名

變老不可怕網站

陪你一起長大變老

目錄

2 人際篇

3 情緒篇

4 價值篇

1 認知篇

生理上的變化，比較容易讓人有自己變老的感覺，不論是比較容易腰酸背痛，或是感覺體力大不如前等等。在心理變化中，最容易讓我們有變老的感覺的，通常跟認知能力退化有關係，其中又以記性不好，最容易被提及。其實，除了記憶變差之外，我們很多認知功能都有了變化。但是，我要提醒大家，有變化不代表就一定是退化。我們需要了解自己的變化，才能找出新的平衡。當然，我們也要認清自己有部分的能力大不如前，除了透過刻意訓練來維持之外，也可以透過輔助工具的使用，來降低能力退化所造成的影響。

1

怎麼知道自己是正常老化，還是大腦退化導致的加劇老化？

如果有一天，你發現自己犯了一個難以置信的錯誤，你當下會有怎麼樣的感覺？我想，多數的人在第一時間都會想一些可能的原因，而不會覺得自己是因為生病了，所以才會犯下這樣的錯誤。像是在電影《我想念我自己》（*Still Alice*）當中，身為大學教授的女主角，在第一次發現自己演講有點口吃的時候，先說服自己是因為前一晚喝太多酒了，所以隔天才會有這樣的狀況。直到不久後，她有次在住家附近慢跑，居然找不到回家的路，她才驚覺自己可能生病了。

相對的，也有一些人比較神經質，只要自己生活中有什麼小閃失，就大驚小怪，擔心自己已經失智了。像是在言談中，想不起來自己上星期去過的餐廳，或是從沙發走到冰箱前要拿東西，卻忘了要拿什麼。雖然失智的人可能曾犯下同樣的錯，但是你不能因為自己犯了那樣的錯，就自下定論說自己已經失智了。

其實，就算是機器，都會出差錯了，更何況是人類。我們的行為受到太多因素的影響，比方說前一天的睡眠品質、當下的專注程度等。也因此，在生活的大小事中出現差錯，根本天經地義。就像你在問家人要不要吃水果的時候，可能一邊在想著要訂哪一班高鐵，可能就會脫口說出：「你們要不要吃高鐵？」類似這樣的閃失，跟你的大腦退化根本沒有關係，只是因為你的大腦受到干擾，沒有辦法好好展現自己罷了。

我是老了，還是病了？

因為有些心智能力，像是處理訊息的速度、或是在沒有提示下去回想事情，本來就會隨著年紀的增長而退化。當我們有這類能力退化的時候，要判斷自己只是正常老化，還是有心智退化疾病纏身，真的不容易。

另外，有些退化在行為層次上看不出來，只有在腦部活動中才能被覺察，這也是我們需要特別警覺的。之所以會有這樣的現象，主要是因為大腦雖然懶惰，但還算是個牢靠的器官，會想辦法把自己可以做好的事情做好。隨著年紀增長，一些腦部區域會有退化的狀況，為了要讓任務可以持續被完成，大腦就會改變運作的方式。也因為這樣，我們若沒有記錄大腦活動的變化，就不一定能察覺改變。

在臨床上，精神科醫生或是神經內科醫師，可能會透過掃描大腦結構以及神經心理測驗來做判斷。但是，要做到精準的判斷，對醫師來說也是不容易的，特別是當一個人只是剛開始有心智退化疾病的時候。

通常在狀況還沒有影響正常生活的時候，醫師會讓病人去做神經心理測驗，透過標準化的分數，來初判病人的心智能力是否真的有問題。比較有經驗的醫師，在進行神經心理測驗的同時，可能也會進行一些憂鬱相關指標的採集。因為過去有研究發現，不少老年憂鬱的個案，一開始被誤判為失智症，也有一些失智症的個案，一開始被誤判為是憂鬱症。

若個案的狀況已經影響到生活，像是出門會迷路無法返家，或是忘記生活中重要的待辦事項，通常才會做腦部掃描來做確認。在醫院會進行的腦部掃描可以分成幾類：

一、**檢驗結構是否正常：**顧名思義，是看看大腦結構是否有受損，不論是電腦斷層造影（CT），或是磁振造影（MRI）都屬於結構上的掃描。另一類的掃描，是透過打入顯影劑，觀察顯影劑流通大腦的速度，來反推神經元結構的緊密程度。

二、**檢驗功能是否正常：**在學術研究上，很常使用的功能性磁振造影（function magnetic resonanace imaging, fMRI），就是屬於這一類。不過，在臨床診斷上，比較少使用，因為過程比較耗時，而且也較難從大腦活動的差異，來推測大腦運作是否正常。

不過，就算用了腦部掃描的程序，醫師通常也不會馬上下定論，因為人的心智能力會受到太多因素的影響。包括了大家很容易想到的年齡、基因之外，還有生理上的健康，像是心血管狀況、體內的發炎指數等，以及生活樣態，像是你的教育程度、社經地位以及生活習慣等。所以，醫師通常都會開一些可能有幫助的藥物，並且要求病人追蹤一段時間，因為**定期追蹤自己的狀態，比對退化的速度，才是最好的做法。**

不要被誤導了

日前國衛院與臺中榮總合作以健保資料庫大數據分析，發現民眾接受電腦斷層造影（CT）、磁振造影（MRI）使用到的顯影劑與失智症有關。曾暴露顯影劑的人，十年、十五年長期下來，發生失智症的風險多達2倍，其中又以血管性失智症風險最高，高達4.6倍。誠如書中提到的，一般狀況下，醫師不會安排病人去做腦部掃描，只有在懷疑病人大腦運作有狀況的時候，才會做安排。也就是說，這些有打過顯影劑的人，很可能本來就有較高的失智風險，否則才不會打顯影劑去做腦部掃描。既然如此，一段時間後，這些人罹患失智症的比例較高，也相當合理。所以，要說打顯影劑會讓人失智，並不是太科學的說法。

伴隨人工智慧的發展，現在就有不少新的診斷工具，比方說就有結合人工智慧的基因檢測，可以發現90%跟阿茲海默氏症有關的基因型。也有一些非典型的診斷工具，比方說不少研究就發現透過走路速度的變化，能夠推測一個人是否只是正常的老化，還是有罹患失智症的風險。在臺灣，有業者透過靜息態功能性磁振造影（resting state fMRI）結合人工智慧的演算，來提供心智功能退化的診斷，也是一個相當創新的做法。不過，在本書撰寫期間，這個技術尚未通過臺灣食藥署核准，僅能當作參考的依據。

如果你只是未雨綢繆，希望自己可以不要退化，或是希望能夠在自己開始退化的時候，就能夠採取積極的做法，那又該怎麼做呢？首先，我不建議你在沒有明顯異狀的時候去就醫，因為這樣是浪費醫療資源。你可以做的，是**找一些客觀的工具，來定期追蹤自己的心智運作狀況**。在國外有一些認知訓練的遊戲平台，都是可以參考的做法。或是有些電玩，像是早期的《Brain Age》，或是比較近期的《大人的腦部訓練》，都可以利用使用紀錄，來追蹤自己的心智運作。只是，若遊戲沒有隨著時間變革，那麼你因為長期在玩，表現會越來越好是很正常的，也就是說，這些使用紀錄可能會高估你的心智能力，你千萬不能因為自己的表現沒有退步，而沾沾自喜。

附帶一提，我們年輕時的一些經驗，對於心智運作是有保護效果的，也就是說，我們的大腦可能已經開始退化了，但在行為層面上，還沒有發生影響。比方說，女性的語言發展較男性好，這對於女性的心智運作來說就是有保護效果的。但是，這對女性來說並不是一件好事，因為可能在功能退化更嚴重的時候，才會去做檢查，那時通常狀況已經蠻嚴重了。所以，我必須再次強調，你要跟自己的狀況做追蹤比較，才會知道自己是不是真的在退化，以及退化的狀況是否有加劇。**若退化**

的狀況沒有突然加劇，就不需要過於緊張，因為這可能都屬於正常老化的現象。

如果只是老了，就什麼都不用做嗎？

倘若在醫生詳細診斷後，認為你只是正常的老化，那你可以什麼都不用做嗎？答案當然是否定的，就像你開了十年的車，即便檢查沒有異狀，你應該還是會定期保養，以確保車子可以持續正常運作。

那我們該做點什麼，來幫自己的心智功能做保養呢？如果你依舊在職場活躍，且你的工作性質具有一定程度的挑戰性，那麼你在認真上班之餘，或許沒有必要特別做些什麼。但是，若你願意的話，你**應該要趁早多探索自己可能感興趣的事物**。因為在你比較年輕的時候，較有能力可以去學習新的事物，也比較不會因為學習的過程中遇上阻礙，就斷然放棄學習。

若你希望多做一點什麼，你可以去學習一些新的事物，過去的研究發現，不管你是學習攝影、拼布或是影像處理，只要這個學習對你來說是有挑戰性的，對於你的大腦都有正面影響。

當你懷疑自己是老了，還是病了？

第一問：我這樣的狀況是突然變差的，還是持續變差的？

答：如果是持續變差，且沒有明顯快速變差，不用過於擔心。

第二問：我這樣的狀況是否對生活造成重大的影響？

答：如果沒有對生活造成重大的影響，可以嘗試找一些改善的方案。

第三問：我該用什麼心態去就醫？

答：精神科和神經內科醫師都能提供專業的診斷，若對於看精神科有過不去的門檻，就去掛神經內科。盡可能讓醫師客觀了解自己的狀況，不要刻意醜化或美化自己的狀況，才能讓醫師儘早做出診斷。心智能力的退化，是需要追蹤的，所以前幾次門診後感覺沒有進展是完全正常的。

2 老人比較容易被騙？

時不時，在社會新聞中都會看到老人被詐騙的新聞。我記得自己在念大學的時候，奶奶告訴我，她接到詐騙電話，說我被壞人抓走了，要拿贖金，她在電話另一頭還聽到我的求救聲。不過，奶奶只是著急得跟著哭，也不知道要怎麼匯錢給這些壞人，所以沒有真的被騙。

但是，其實不只老人會被騙，任何人都有可能會被騙。有些詐騙手段比較不那麼明顯，像是我之前就相信了社群平台上的廣告，認為這商品是工廠關閉，所以特價出清。結果，購入了品質惡劣的商品，而且之後就再也聯繫不上賣方。現在還有更進階的詐騙，不是直接騙你的錢，而是把你的帳戶當成洗錢帳戶，讓你成為詐騙的共犯。面對日新月異的詐騙技術，我們認為老人容易被騙，究竟是刻板印象，還是真實的狀況呢？

老人比較容易被騙嗎？

要回答這個問題，我們先從一個歐盟大型研究的結果說起。這是一個跨年齡層的大型調查，總共有二萬六千七百三十五位年滿十八歲的參與者，研究發現，相較於其他年齡層，六十五歲以上的長輩被詐騙的機會，並沒有比其他年齡層高。但是，如果控制他們使用網路以及線上購物的頻率考慮進去，則老人在網路通路以外的管道（包括身分被盜用、誘導式購物等），被詐騙的機率都是比較高的。

不要被誤導了

一件事情發生的次數，和發生的百分比，概念上其實是不同的。比方說，如果有報導說，每年有一千名老人被詐騙，只有五百名小學生被詐騙，你不能光靠數目的多寡，來判定老人是否比較容易被詐騙。倘若老人的人數是小學生的四倍，那麼被詐騙的老人，比例上只有小學生的一半，也就是說，小學生才是比較容易被詐騙的。

另外，你做一件事情的頻率，也是一個重要的參考因子。就像老人如果從來不上網，自然不可能在網路上被詐騙。如果我們用這個證據來說，老人在網路上不會被詐騙，雖然沒有錯，但背後的原因並非他們比較不容易被詐騙，而是因為他們不上網，所以沒有機會在網路上被詐騙。

其實，除了這個研究之外，也有別的研究結果發現，老人在線上被騙的情況，並沒有比年輕人嚴重。之所以會有這樣的現象，跟老人比較不熟悉網路操作有關。

因為，他們在**使用網路時，會比較謹慎，對於自己不確定的事情，寧可不做。但是，面對熟人，老人反而容易卸下心防。**在臺灣，假借親友身分借錢的詐騙案中，受害者中，就有超過六成是老人。

若從實際詐騙通報的案件來做分析，在臺灣通報被詐騙的年輕人，其實比老人還多。當然這不一定反映有比較多年輕人被詐騙，因為有些老人會覺得報案說自己被詐騙，是一件很丟臉的事，所以寧願自己承擔後果，也不會去報案。但是，你不願意去面對自己被詐騙，反而會讓自己身陷其中，會更孤立無援。所以，不管任何人用任何名目跟你要錢或是索取其他有值的財物，都要格外小心。

科普小教室

因為詐騙這個主題比較難在實驗室操作，所以多數研究都是透過問卷的方式，來了解參與者是否曾經有被詐騙的經驗。在考慮研究倫理的狀況下，有研究團隊曾經利用網路釣魚信來當作素材，他們寄這種釣魚信件給參與者，然後記錄參與者是否有點擊。因為我們本來就很有可能會收到詐騙的信件，所以這對於參與者的風險是相對較低的。當然，在實驗結束的時候，研究者都必須清楚告知過程中有欺瞞的狀況，避免研究的過程對參與者造成傷害。

為什麼老人會被詐騙？

雖然研究上對於老人是否比較容易被詐騙，沒有一個明確的共識。但研究發現，詐騙對老人有較多負面影響，而且這不僅限於心理感受層面，連生理上也會有不好的影響。

對於老人為什麼會被詐騙，研究有提出好些可能性：

一、**認知功能退化：**認知能力比較差的老人，被詐騙的狀況是比較頻繁的。若要仔細去區分，跟短期記憶有關係的能力退化，和容易被詐騙是比較有關聯性的。

但跟判斷比較有關係的執行功能，則沒有被證實和詐騙有關聯性。順著這樣的脈絡，我們會認為失智的老人應該比較容易被騙。然而，實際狀況並非如此，這背後的原因在於，要被詐騙，是要能夠理解那些壞人的指令，並且去配合。倘若一個人都不能理解壞人的指令了，那就不可能去配合，自然比較不容易被詐騙。

二、**心理需求沒有被滿足：**研究上發現，**孤單、憂鬱的老人，被詐騙的頻率都比較高**；相對的，如果是社會心理需求有被滿足的老人，則比較不容易被詐騙。若去細分被詐騙的類型，會發現憂鬱的人，比較容易被中獎詐騙所吸引，可能是因為中獎這件事情，對他們來說是非常正向的資訊，能夠緩解憂鬱的狀態。還有一些喪偶的老人，也很容易成為愛情騙子眼中的肥肉，他們會利用這些老人的孤單感，利用甜言蜜語讓老人卸下心防，然後逐步掉進他們設的陷阱中。

三、**有點壞壞的性格：**我們可能直覺會認為性格比較善良的老人，會更容易被騙。但研究發現並非如此，有個研究紀錄老人在〈HEXACO人格量表〉上的結果，以及他們被詐騙的頻率。結果發現，在謙遜–謙虛（humble – humility）這個指標分數比較低的老人，被詐騙的頻率反而比較高。另外，輕信（credulity）程度比較高的老人，也比較容易被詐騙；可是整體對其他人的信任程度，反而對於是否會被詐騙沒有影響。

該如何避免老了被詐騙？

其實從為什麼會被詐騙，就可以反過來思考，要怎麼樣避免老了被詐騙。

一、**提升認知能力：**因應詐騙的手段，會有不同的能力，是對避免被詐騙有幫助的。雖然研究有發現特定的認知能力，和是否會被詐騙有較多的關聯性。但是，現在的證據其實還不夠多。只能說，整體提升認知能力，對於避免被詐騙是有幫助的。不少詐騙手法是利用老人對於事情的不熟悉，或是反應速度比較慢來達到目的。若認知能力在短時間內無法有明顯的提升，老人可以練習放慢速度，讓詐騙的人必須配合你，那麼就比較不會因為慌亂而被騙了。

二、建置支持體系：不少老人之所以會被詐騙，都跟孤單、寂寞有關係。因此，若能夠建立好的支持體系，也可以避免自己落入詐騙的圈套裡。另外，若周邊有對詐騙手段比較熟悉的朋友，也能夠協助你去做判斷，避免被詐騙。

三、養成好的習慣：詐騙的手段推陳出新，所以真的防不勝防。但是若可以養成以下幾個習慣，也可以降低自己被詐騙的頻率。首先，**避免貪小便宜的心態**，你要提醒自己天下沒有白吃的午餐，不成比例的好處，通常都是有問題的。再者，**對於自己不熟悉的事情，一定要做核對**，不管是在任何情況下，都要冷靜核對。最後的殺手鐧，就是說自己沒有決定能力，東西都是子女在管的，有需要可以去問他們。

總之，不要自己做決定，即便是覺得難為情，還是要讓別人跟你一起做決定。像是有些老人聽信投資詐騙，不希望被子女發現自己在做這類的投資，就偷偷轉帳給別人。雖然一開始還真的可能有賺錢，但那些錢可能是別人的辛苦錢，你的帳戶其實成了人頭帳戶，你也是共犯。若你真的不希望讓別人知道，那也請花點時間撥打165反詐騙專線，或是打110，有經驗的警察，都可以給你很多的協助。

倘若真的不幸被詐騙了，也不要自我否定，因為沒有人會希望自己被騙，你可能只是一時間沒有想清楚，所以被詐騙了。在發現被詐騙之後，也不要寄望會把那些財物追回來，你要告訴自己，這就是花錢買心安。若因為這樣的經驗，可以讓自己以後不要再受騙，那也是相當值得的。

老人比較容易被騙嗎？

第一問：老人比較容易被騙嗎？

答：這個問題很難有好的答案，只能說比較肯定的是，目前老人在網路上被詐騙的狀況，是比較少的。但是，在網路以外的情境，目前還沒有明確答案。雖然從報案紀錄中，其實老人相對較少被詐騙；然而，考量老人比較不願意去報案，所以實際數字可能是被低估的。

第二問：老人為什麼會被詐騙？

答：兩個主要的原因，一個就是認知功能的退化，造成處理事情上的缺憾。第二個原因，則是因為需求沒有被滿足，所以比較容易被詐騙集團的誘餌吸引。

第三問：該怎麼預防被詐騙？

答：有三個根本的做法，提升自己的認知能力、好的支持體系以及好的習慣。

3

老人的決策判斷能力比較差嗎？

老人常會有的一些行為模式，都讓人會覺得他們是不是判斷能力變差了？比方說，到了餐廳要點餐的時候，會傾向讓年輕人來點菜。表面上是說年輕人比較知道要點什麼餐點，實際上是自己面對那麼多的選項，會不知道要怎麼做選擇。又或者到了藥局，想要買魚油，可能就有非常多不同的選項，更別說連同一個品牌，都可能有不同大小的包裝，也是很難做選擇的。我在英國的時候，曾陪著一位老先生去買健康食品，我和他本來都以為買大罐裝的會比較划算，殊不知因為有買二送一的

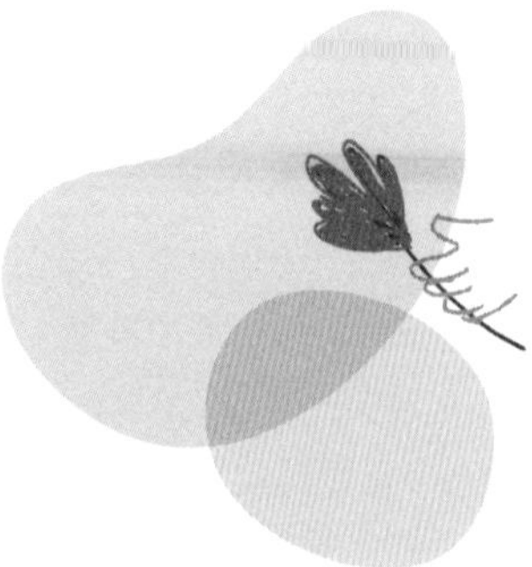

活動，買三罐小罐，數量和一罐大罐的相同，價格還比較便宜。如果沒有我在一旁幫他比較，他可能就會買了大罐的。

為什麼老人的決策判斷能力會有所變化？

首先，伴隨著整體認知能力的改變，老人會產生一些因應的策略，像是避免需要做選擇。因此，很多老人會選擇向自己熟悉的菜販買菜，去看熟悉醫師的門診。因為這樣的行為模式，可以降低他們需要做決策的機會。

再者，他們在做選擇的時候，比較不會全盤思考，會傾向著重在幾個方面，特別是自身關心的部分。當需要考慮的面向和他們看重的一致的時候，他們的決策判斷不會有狀況；然而，如果需要考慮很多面向，而且比較重要的面向和他們關注的不一致的時候，就很容做出不合宜的決定。總而言之，**老人不擅長做複雜的決策，特別是當訊息間互斥的時候，他們的決策判斷會受到更大的影響。**比方說，若有人告訴他某間餐廳很好吃，也有人告訴他那間餐廳很難吃，就會讓他們無法判斷，那間餐廳到底好不好吃。

除了認知層面的變化之外，也有研究發現老人的神經質程度會比較高，進而讓他們在愛荷華賭博任務（Iowa Gambling Task, IGT）的表現變差。不過，在年輕族群身上，神經質的程度和他們在這個任務的表現，並沒有關聯性。另外，**老人有規避風險的行為傾向**，而規避風險這樣的特性，不論在什麼年齡層，都和決策能力有負相關，也就是說**越傾向規避風險，決策判斷能力會越差。**

科普小教室

愛荷華賭博任務是一個在決策研究中，常常被使用的測驗。典型的作法是會有四疊的卡，參與者要決定自己選哪一疊卡，這些卡上面會告訴參與者，他們是得分或是扣分。四疊卡當中，有兩疊是比較容易獲得分數的，有兩疊是比較容易被扣分的。比較早梳理出這個規則的參與者，最終會獲得比較多的分數。研究上發現，賭徒在這個任務上的表現比較差，反映了這個測驗能夠有效評估人的決策判斷能力。這個任務後來又延伸出不同的變型，比方說在社交版的任務中，另外提供不同的人臉線索，有些人看起來比較值得信賴、有些人則看起來比較不值得信賴。透過社交版的任務，可以檢視社交訊息是否會影響決策判斷，以及當社交訊息與得分的訊息不一致的時候，參與者又會怎麼做判斷。

該如何改善老人的決策判斷能力？

有一些不同的介入方案，曾被用來幫助老人做決定，這些輔助作法都有不錯的效果。此外，在一些有追蹤的研究中，會發現老人還會持續使用那些輔助作法。

一、**讓老人更容易了解選項：**比方說字體放大、強調重要的訊息、搭配影片的說明。

二、**讓老人更理解選項的意涵：**附上示意圖，讓他們知道決策帶來的結果，會怎樣影響他們的生活。或是，清楚說明選項的風險及好處，以及替代選項的優缺點。不論是健康類的決策，或是財務相關的決策，研究上都發現，若老人對於要做決策的領域範疇有越多的了解，就能做出越好的決定。

三、**讓老人重視決策的重要性：**強調決策是重要的。

四、**提升老人推理的能力：**做決策非常仰賴邏輯推理，因此透過推理能力的提升，能根本的協助老人做出好的決定。

當然，有的時候，我們並沒有希望由老人自主做決定，而是希望引導老人有特定的選擇。比方說，在疫情時期，各國政府都希望老人可以施打疫苗，即便會有副作用，但是相較於確診的風險，打疫苗還是利大於弊的。在英國、臺灣，都用了知名老人打疫苗來做示範，並且在過程中，強調打疫苗是多麼輕鬆的一件事情。以英國的宣傳為例，有超過三分之二尚未施打疫苗的人，看完廣告後，表示會去接種疫苗。不過，這個數據不侷限於老人就是了。

不要被誤導了

近年來幾次讓人跌破眼鏡的選舉結果，都被認為和老人的錯誤決策脫不了關係，像是英國的脫歐，或是二〇一六年川普當選美國總統。但是，這類的社會事件，其實並沒有什麼選項一定比較好。只是，媒體或是意見領袖，會認為某個選擇是比較好的。如果有人支持的不是那個選擇，就會認為他們的選擇是錯的。在實驗室中的決策研究，通常是用獲得分數或是金錢的多寡，來當作決策優劣的指標。雖然看起來相對中性，但是背後也可能有爭議。比方說，若沒有清楚告知參與者，他們的任務就是要獲得越多錢，那麼就不能認定獲得比較少錢的參與者，決策判斷的能力是比較差的。因為，有人可能就不喜歡錢，覺得獲得太多錢，感覺怪怪的。

該怎麼協助沒有決策能力的老人？

目前的研究建議，**是要盡可能將資訊清楚明瞭的呈現**，以確保決策能力退化的老人，像是輕度認知功能障礙的老人，可以做出對自己最有利的決定。也可以透過共同決策，來避免這些老人做出對自己不利的決策。

除此之外，就是要限制這些老人做決策，或應該說是限制有人利用這些老人，做出對他們有利，而實際上對老人無利或有害的決策。在法律上，可以透過申請監護宣告，來避免沒有決策能力的老人，做出不好的決策。在司法院的網站上明載：

對於精神障礙或其他心智缺陷，致不能為意思表示或受意思表示，或不能辨識其意思表示效果者，法院得依聲請人之聲請，為監護之宣告。此時該受監護宣告之人成為無行為能力人，法院除了同時選出一位監護人來擔任他（她）的法定代理人外，也會再選一位適當的人跟監護人一起開具受監護宣告人的財產明細清冊。

但是，若沒有經過監護宣告，那就意味著老人還是可以自己做決策。而且，即便經過監護宣告，倘若涉及的事情跟財產沒有關係，像是結婚，就還是能在意識清楚的狀況下去進行。至於什麼叫意識清楚的狀況，就要看法官怎麼界定了。

老人的選擇能力比較不好？

第一問：老人的決策能力比較差？

答：實驗室的結果發現，老人的決策能力是比較差的。但是，在生活中老人的決策能力是否比較差，是一個比較難回答的問題，因為生活中的選項不一定有絕對好、絕對壞的區分。

第二問：為什麼老人的決策能力會變差？

答：主要分為兩塊，一塊是跟訊息處理有關，因為認知能力的退化，造成老人會不喜歡做決策，在做決策的時候，會傾向簡單行事。另一塊是跟他們的價值體系有關係，不論是性格上的變化，或是重視的事物改變，都會影響決策能力。

第三問：要如何協助老人做決策？

答：盡可能將訊息簡化、清楚呈現，並且清楚說明決策的後果，都有助於老人做決策。

4 老人該繼續開車嗎？

雖然每天都有交通事故發生，但是如果是老人肇事，通常會被放大檢視。如果造成比較嚴重的死傷，檢討老人是否還可以駕車的言論又會浮上檯面。但是，老人到底是否適合駕車，老人駕車真的比較不安全嗎？

臺灣的數據顯示，老年駕駛肇事的比例其實是比較低的；然而，**老年的行人，事故發生率是最高的**。值得一提的是，行人事故發生率是只有當疏失是行人造成的，才納入計算。不過，美國的資料則有一些不同的發現，比方說老年的駕駛發生事故的機率是二十五～六十四歲族群的1.6倍，而且即使多數老人晚上不開車，老人

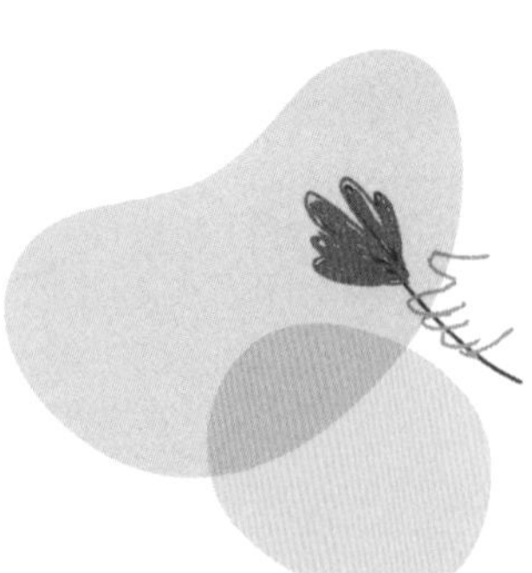

晚上駕車肇事死亡的頻率是白天的三倍。之所以會有這樣的差異，可能是分母的不同，在美國的資料是以領有駕照的老人來做計算，但在臺灣的資料，是以年齡符合的老人來做計算。值得關注的是，老年駕駛佔所有駕駛的比例，隨著人口高齡化，已逐年上升。所以，釐清如何讓老人更安全的駕駛上路，是非常重要的課題。

為什麼老人開車比較容易發生事故？

在駕駛模擬器的研究發現，老人的反應比較慢、比較容易撞上前車、開車速度比較慢，以及無法穩定的和前車保持距離。這當中好幾個因素，都是比較容易肇事的因子。目前研究上的發現，可以歸類為三大方向：

一、**跟視力有關的**：老人的視力退化、對光線的敏感度提升，都會影響他們開車的安全性。如果有青光眼、白內障等視力相關的疾病，更會嚴重影響用路的安全。在研究上，常會使用可用視野（Useful Field of View）來判斷一個人的視覺處理能力。很多證據都發現，老人的可用視野比年輕人小，而且若兩眼的可用視野都過小，就會影響用路安全。

科普小教室

可用視野是指在不移動頭和眼睛的狀況下，可以看到多少範圍的東西。如果一個人的可用視野過小，對於他在日常行動上都會造成困擾的，大家可以想像，若你用一副望遠鏡看東西，因為一次只能看到一小塊範圍，是相當不方便的。測量可用視野的時候，通常會要求人注意螢幕正中央的一個點，然後在周邊可能會有一個東西出現，人們需要盡快判斷是否有東西出現。如果一個東西距離中央很遠，這個人還是能夠看到它的出現，就表示他的可用視野是大的。

二、與動作協調有關的：因為開車的時候，駕駛需要針對看到的人事物去做反應，可能是去踩煞車，或是去調整車的檔次。在模擬駕駛器的研究結果發現，老人在用腳踩踏的時候，不僅速度比較慢，且比年輕人容易出錯。此外，老人在踩錯之後，需要比較長的時間，來修正自己的錯誤。

三、**與認知運作有關的：**老人的執行功能能力變差是主因，若要細分，又可以分為跟認知彈性，以及跟注意力管理這兩個部分。研究發現，老人的認知彈性是比較差的，也因此面對多變的路況，會比較難及時反應，就比較容易發生事故。也有研究發現，**老人在路口的時候，比較沒有左顧右盼的行為，因而容易在路口發生事故。**老人之所以減少左顧右盼，可能跟執行功能退化，為了避免負擔過重，索性就減少有負擔的行為有關係。

最後，我要提醒大家，因為這些能力的退化，都是漸進式的，不是突然發生的。所以，每隔一段時間就去檢測自己開車的能力，對所有年齡層的人來說都是重要的，對老人來說尤其重要。

不要被誤導了

雖然很多研究都發現老人在駕駛上，比年輕人更不安全。但是，其實真正的關鍵不是年齡，而是能力的變化。比方說，有一個研究發現年齡和知覺、認知的能力，總共能解釋64%駕駛行為的變異程度。這當中只有19%是跟年齡有關的，其他都跟年齡沒有直接關係。雖然那些能力的變化，確實很容易跟年齡的增加一起發生，但這不是必然的。

面對這樣的狀況，該有哪些配套呢？

有些人可能會覺得，老人開車不安全，那麼就不要讓他們開車。對於有便捷大眾運輸可以使用的老人來說，不開車或許沒什麼大不了的，事實上有些老人還不喜歡開車；但是，在一些大眾運輸不方便的地方，禁止老人開車，就不一定利大於弊了。因為不能開車，等於限制了老人的行動，而這又會進而影響到他的社交，負面影響是很大的。不過，無人車技術的發達，未來可能連年輕人都不一定需要自駕車了，所以老人不能自己開車的問題，恐怕沒有那麼嚴重。

現階段，不少國家透過定期檢查老人的能力，來決定他們是否可以繼續擁有駕照、可以繼續開車，確保能夠開車上路的老人，對於用路安全是沒有威脅的。臺灣的檢測可以分為以下幾部分：

一、對時間的正確認知能力，說出當日的年、月、日、星期與當時所在地。

二、近程記憶思考的能力。

三、測試判斷力及手腦並用能力。

若對比前面回顧的研究，會發現其實除了第三個部分可能跟用路安全有關係之外，其他的其實都不是那麼有關聯性。當然第一、第二兩個部分，主要是跟失智症的檢測有關，若一個人有失智症的狀況，確實也不適合開車。但是，就算不失智，若一個人的可用視野過小、認知彈性不足，也都不適合駕車。

日本針對七十五歲以上的老人，也有相關的規範，測驗本身和臺灣的蠻接近的。不過，在日本的認知測驗中，還包含了一個注意力測驗，這是臺灣目前的測驗中所欠缺的。

除了限制老人不開車之外，也有比較積極的做法，就是透過介入的方案，讓他們可以更安全的駕駛。過去有很多不同的嘗試，包含了用電腦訓練、駕駛模擬器訓練、教育課程等，都有一定的成效。所以，如果我們希望更多老人可以安全上路，可以規劃相關的課程，來讓他們可以安全上路。

在日本，也有不少產學單位企圖利用人工智慧，來幫助老人可以更安全的上路。比方說，豐田公司開發的AI系統，會透過車內攝影機、行車記錄器、車輛感測器蒐集數據，分析駕駛的開車習慣、風險區域，並且透過提供反饋報告，來提升駕駛的用路安全。

此外，這個系統還會讓老人跟自己以及同齡人去做比較，讓他們知道自己的狀態是否是好的，以及是否有加劇退化的狀況發生。在無人駕駛技術還不能全面施行之前，結合人工智慧的作法，或許是很好的替代方案。

除了開車之外，臺灣也有不少老人會騎摩托車，那他們適合騎摩托車嗎？騎摩托車相較於開車，可能更需要留意突然冒出來的人、車，老人在這類行為的能力也比年輕人差。所以，老人騎摩托車也需要格外留意。

老人該繼續開車嗎？

第一問：老人開車比較容易有事故嗎？

答：國外的資料顯示，老人是比較容易發生事故的，但是臺灣的數據不是很明確。但值得注意的是，臺灣的老年行人比較容易發生事故，且為主要究責對象。

第二問：為什麼老人開車會比較危險？

答：老人因為視力退化、動作變得較不協調且認知功能退化，而這些能力都會影響開車的安全性。不過值得一提的是，能力的退化比起年齡，是更重要的因素。所以，只要想辦法維持相關的能力，也不一定會因為年齡增加，而無法安全上路。

第三問：老人該繼續開車嗎？

答：對於住在偏鄉的老人來說，開車對於他們生活的維繫以及社交都是很重要的，所以不開車帶來的壞處可能比開車來的高。在大眾運輸便利的地方，老人其實就不一定需要繼續開車了。

5

老人學得比較慢？

大家都聽過一句英文諺語：Don't teach an old dog new tricks.（老狗學不會新把戲），用來形容人老了，比較無法學習新的事物。中文裡的「江山易改，本性難移」，概念也是類似的，都是在說人上了年紀，很難改變。

但是，近年來隨著樂齡教育的遍地開花，屢屢也有老人獲得博士學位的消息，在在都顯示人老了，其實還是有能力學習的。神經生理上的證據也顯示，老了還是有新的神經元會形成，神經元之間也能夠形成新的連結，顯示在老人身上，學習還是會發生的。

變老對於學習的影響

雖然很多證據都顯示老人還是可以學習新的事物，但是這不盡然表示，變老對於學習不會產生影響。比方說，比較年輕人和老人在學習表現上的研究，通常會發現老人的學習是比較慢，且錯誤率比較高的。此外，老人在學習上必須要更努力練習，才有機會能夠維持學習的效果。相形之下，年輕人即便沒有練習，學習的效果也不會就在一兩天內消退。

另外，在學習的研究中，會透過提供線索及獎賞，來促進學習。相較於年輕人，這些促進學習的作法，成效通常比較差。在一個研究中，參與者看到需要記憶的字詞之前，可能會看到+2（代表後來答對會多獲得一些獎金）、+0（代表後來答對與否不影響獲得的獎金）或是-2（代表後來答錯會扣除一些獎金）。當知道答對或答錯會影響獎金時，年輕人對於這些字詞的記憶表現會比較好。但是，在老人身上，則沒有這樣的效果。可是，**這並不是獎賞不能促進老人的學習，而是當這個獎賞**

和學習的連結不是直接、而是間接的時候，效果是比較差的。

不要被誤導了

如果單純看學習後的表現，應該沒有研究會推論變老對於學習是沒有影響的。但是，每個人的起始點都不一樣，透過學習的曲線來當作學習程度的指標，是比較恰當的。確實，當使用學習曲線作為指標的時候，老人在一些類型的學習上，和年輕人是沒有差異的。所以，當有人告訴你，老人在某類型的學習，和年輕人沒有差異的時候，不一定是說，老人在客觀指標的表現上，和年輕人是沒有差異的，而是他們的學習曲線沒有差異。

磁振造影的結果顯示，老人在不同類型的學習上，大腦活動是比較沒有分化的。但是，年輕人在進行顯示學習（explicit learning）時，內側顳葉（medial temporal lobe）有比較多的涉入，隱示學習（implicit learning）時，則是紋狀體（striatum）有比較多的涉入。而且，這兩個區域的大腦活動會呈現負相關，一個較多活動的時候，另一個就活動較少。這反映了，對於老人來說，學習是比較費力的，所以需要不同的腦部區域一起運作來處理。

科普小教室

我們一般提到的學習，基本上都是顯示學習，像是學會一個新的單字，或是一種新的解題方式。這類的學習，是比較刻意的，是在有意圖的狀態下去學習的，而且人們學會之後，比較能夠主觀感受到的自己學會了。

相較之下，隱示學習，通常是不刻意的，而且人們主觀上也不一定能夠覺察到自己學會了。只是，透過客觀的指標會發現，相較於沒有學習過的素材，有透過隱示學習學過的素材，會有比較好的表現。常用的隱示學習，像是不同東西會依照一個特定順序出現，比方說5-9-3，會照這樣的順序出現。若隱示學習有發生，在看到5的時候，就會預期接著會出現9和3。

為什麼變老會影響學習？

大腦的退化，是導致老人較不容易學習的主因。大腦皮質區的萎縮、神經元之間連結的減少，都影響了學習的效率。一些皮層下的區域，像是紋狀體的退化，也會對學習產生重要的影響。因為健康狀態，或是藥物的使用，導致老人無法專注，也會嚴重影響學習的效果。

心理層面的影響，最主要的就是**老人的心態**。如果老人的自我效能（self-efficacy）較好，會有比較強的學習意圖，自然學習的成效會比較好。自我效能高的老人，面對學習的挑戰時，也會比較不焦慮，對學習也是有助益的。另外，老的刻板印象也會影響老人的學習，**若一個老人受到越多老年刻板印象的影響，學習的效果就會比較差。**

除了生理與心理的影響之外，社會氛圍也會影響老人的學習。若環境對老人繼續學習是友善的，那麼就會有比較多的老人願意去學習。比方說，家人不會嘲諷為什麼老人年紀這麼大了，還要去學一個自己過去沒學過的事物。另外，**在檢核老人的學習成效上，也應該要做出調整，才能形成一個善的循環**，讓老人願意繼續投入學習。就拿水彩畫的學習為例，就不應該以是否能夠精準臨摹一個作品、場景來當作指標，而該把重心放在老人是否能夠透過水彩畫來自我表達。

佛系學習

雖然我們會說學海無涯勤是岸，但是我們的大腦，並不是設計成要終身都很努力學習的。就像在三歲前，大腦神經元的連結數目，其實是比成年人多的。主要的原因是為了讓小孩的大腦可以適應各種不同的環境，更有機會可以存活。但是，隨著年紀的增長，並沒有持續學習的迫切性。

我們之所以覺得有持續學習的必要性，是因為現代知識更新的速度太快了，若沒有繼續學習，就會跟不上時代的腳步。然而，我們的大腦在這一、兩百年間，並沒有跨時代性的變革。就如同，我們的大腦還沒演化成能夠對抗手機、網路社群的能力一樣。有鑑於此，即便知道學習對你有幫助，你也不要有壓力，覺得自己一定非學不可。如果不是在自己有意願的狀況下去學習，帶來的壞處，可能比好處還要多！

我想用一個有意思的結果來鼓勵大家，**大腦對於學習，自然有盤算**。這個研究是二〇二一年發表在《自然通訊》（*Nature Communications*）的一個研究，他們讓老人每次看到兩個不同的符號，若他們選了正確的符號，就會獲得積分。他們利用積分當作一個獎勵，希望能夠看到積分會強化老人的學習，讓他們能夠更快覺察當出現不同符號組合的時候，他們要怎麼選，才會是最有利的。在研究中，他們安排了三種不同的情境：為了自己獲得積分、為別人獲得積分或是沒有為任何人獲得積分。結果發現，當情境是為別人獲得積分的時候，老人和年輕人的學習曲線是沒有差異的。另外，有別於年輕人是在為自己獲得積分的時候，學習表現最好、其次是為別人，再其次才是沒有為任何人；老人在為自己獲得積分以及為別人獲得積分的學習表現沒有差異，但是都優於沒有為任何人獲得積分的時候。這顯示了，利他的學習到了年老的時候，還是有好的保存。這或許意味著，在大腦預設的藍圖中，利他是一個終身的課題！

老人的學習能力比較差？

第一問：變老對學習有怎樣的影響？

答：整體來說，變老對於學習是有害處的。不僅學得比較慢，也需要更多的努力，才能維持學習的成效。

第二問：為什麼變老會影響學習？

答：大腦的退化、心態上的轉變，以及社會氛圍都會影響老後的學習。

第三問：老了還要繼續學習嗎？

答：這是一個很難回答的問題，因為繼續學習，確實對老人有一些好處。但是，如果不是真心想要學習，那麼勉強自己學習，帶來的挫折、焦慮等負面的影響，對老人也是不好的。建議**要審慎評估學習的必要性，並且擬定適合的目標，才能讓學習是利大於弊的。**

6

怎樣的認知訓練是有效的？

在前面的章節，介紹了認知訓練的方案，對於失智症的預防效果有限。那到底還需不需要做認知訓練呢？因為研究已經發現，人在不少認知能力的表現上，隨著年齡的增長，會逐年下降的同時，研究也發現，認知訓練對於有訓練的認知功能是有幫助的，例如做記憶類型的認知訓練，就會對於提升記憶力有幫助。所以，我會建議大家，若希望維持自己認知功能的運作，那麼即便知道認知訓練對於預防失智症上身的效果有限，還是乖乖做訓練吧。

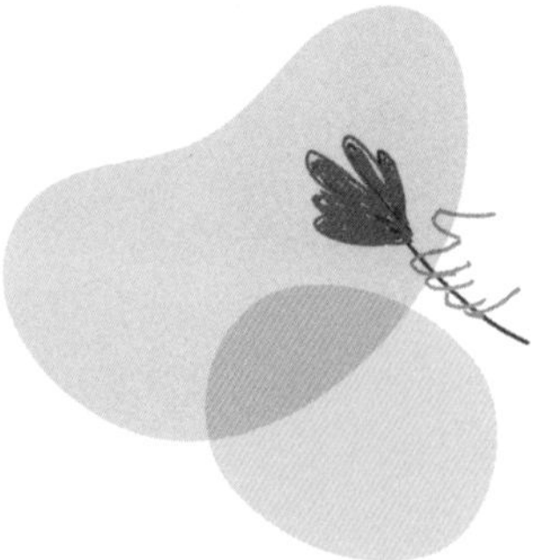

做怎樣的訓練最有幫助？

如果你希望做一種認知訓練，就可以廣泛的提升自己的認知能力，那麼你該做的事情，就是要**訓練自己的執行功能**。二〇一三年亞當．葛茲里（Adam Gazzeley）教授，訓練老人玩一種賽車遊戲，在這個遊戲中，老人除了要依循路線來開賽車之外，還要留意在畫面的正中央，是否出現了某個特定的東西（例如綠色的正方形）。經過一個月，每週三次、每次一小時的訓練，就對於很多不同的認知能力是有幫助的，而且效果可以維持至少半年。

科普小教室

執行功能（executive functions）簡單來說，就有點像是大腦的總管，負責統籌、規劃資源的分配。在葛茲里教授的研究中，老人因為同時進行兩個任務（開車和留意畫面中是否有特定的東西），所以必須有效分配自己的資源，才能在這兩個任務上都可以有好的表現。執行功能的訓練，不僅對於認知功能的提升是有幫助的，過去也有研究發現進行執行功能的訓練，可以有效提升年輕人的流質智商。

雖然大家不一定有機會玩到這款遊戲，但並不表示你就無法提升自己的執行功能。我和我的老師葉怡玉教授以及學妹郭郡羽教授，日前開發了一款桌遊，也是著重在執行功能的訓練。比方說，參與者會看到一系列的圖卡，必須要去猜這些圖卡有哪些共通性，以下圖為例，這些圖卡中的人物共通性，就是他們都有戴眼鏡。相較於完全沒有接受訓練，以及接受非執行功能遊戲訓練的老人，這些老人不僅在執行功能上的表現比較好，他們在推理能力以及記憶力上也都有比較好的表現。若大家對這款桌遊有興趣，可以掃描QRcode，自行下載圖卡以及遊戲說明。

大家可能會好奇，那透過打麻將來提升認知訓練，是否可行？首先，我要肯定打麻將這個行為，因為這一個很好的社交活動，此外要能夠胡，確實是需要規劃、推理的能力，所以打麻將是有潛力的認知訓練活動。然而，有些老人打麻將，只是一種交際，也沒有特別想要贏，這樣對於認知功能提升的幫助就相對有限。所以，**如果老人想要透過打麻將來提升自己的認知能力，那麼在打麻將的時候，就要想著要贏，而不是很佛系的打麻將。**

早期的認知訓練，比較專注在訓練是否能夠提升參與者在實驗室內的表現。但近來的研究，除了關注認知訓練是否能夠提升實驗室內的表現之外，也希望這些訓練對於老人在日常生活中是真的有助益。

老少遊桌遊

除了整體的訓練之外，你也可以針對個別能力做補強

如果你特別希望加強自己某方面的認知能力，當然可以針對這個部分去做訓練。目前坊間有一些認知訓練的業者，有開發精良的檢測以及訓練方案，讓特別想要提升某項認知能力的人，可以透過進行特定的訓練，來提升特定的認知能力。比方說，如果你特別想要提升自己的記憶力，就可以去玩一些提升記憶力的遊戲，像是要從一堆撲克牌中，找出圖案相同的兩張卡。

但是，對老人更有吸引力的作法，應該是要投其所好，利用他們感興趣的素材，來當做認知訓練中的元素。例如，喜歡唱歌的老人，就可以透過讓他找出歌詞中有哪些錯字，來提升他的注意力。或是可以請他一邊聽歌、一邊讀歌詞，找出不吻合的部分，這除了可以訓練反應速度之外，也能訓練感知統合的能力。

讀者們可能會覺得要自己規劃認知訓練很難，但真的沒有想像中那麼困難。我建議大家可以先找到一些被認證跟哪些認知能力提升是有關聯性的遊戲，然後嘗試

更換遊戲的素材，就可以輕鬆規劃一個對自己有吸引力的認知訓練遊戲。像我就蠻期待自己老的時候，可以規劃一系列以泰勒絲的作品為主題的遊戲，一方面可以做懷舊治療，一方面又能訓練自己的大腦，一舉兩得。

不要被誤導了

當研究結果說認知訓練沒有效果的時候，我們先別急著說服自己說，反正訓練也沒有效，乾脆不要訓練好了。你要搞清楚，這個研究是基於怎樣的立場來下這樣的結論。比方說，有個研究比較了玩標榜有訓練認知功能的遊戲，並不能有效提升認知功能。但是，他們的對照組是玩別的遊戲，有可能是因為玩遊戲本身，對人來說就是一種認知訓練，所以不容易看到兩組之間的差異。

反之，當一個研究說，某種認知訓練能夠維持老人的認知功能時，我們也要留意，對照組是做什麼事情。倘若對照組是只有前測、後測的組別，而不是有進行某種形式的訓練時，就比較缺乏說服力。因為有可能只要覺得自己在接受訓練，對於認知功能的維持，就有幫助，也就是我們說的安慰劑效應。以我自己的研究為例，我們有一個執行功能訓練組、一個感官桌遊組，還有一組是只有前後測的，後來發現執行功能訓練組，確實表現比其他兩組好，這樣的結果就比較有說服力。

除了做認知訓練之外，你也有別的選擇

美國史丹佛大學長壽中心（Stanford Center on Longevity）以及德國普朗克研究院的人類發展中心（Max Planck Institute for Human Development）為首的一些科學家們，在二〇一四年連署了一份「來自學界對於認知訓練產業的聲明」，他們認為不少業者掛著有科學證據支持的名號，大肆宣傳遊戲的效果，甚至號稱可以對抗失智症，這些都是有疑慮的。為什麼這些科學家會這樣認為呢？

即使有科學證據的支持，但多數的遊戲僅被證實能夠在有限的時間內去提升某些特定的能力。意即並非所有的能力都會在短暫訓練後，都能持續性的提升！

玩這些遊戲對認知功能的影響，可能來自於其他因素，例如訊息處理策略上的改變，或是動機的改變等等。換言之，**其實只要改變自己訊息處理的策略、動機等，就算不玩遊戲，可能也會對認知功能有好的影響。**

雖然有不少發表的研究證實玩這些遊戲對年長者的認知功能有幫助，但可能有更多證實玩遊戲對年長者的認知功能沒有幫助的研究，只是這些研究沒有發表。也就是說，一百個研究中，可能只有一個證實玩遊戲可以改善年長者的認知功能，另外九十九個都說不行。但因為只有那一個被發表，所以我們會覺得玩遊戲對年長者的認知功能有幫助。這個其實是所有科學領域共同的問題，一般民眾育的要非常小心檢視所接觸到的科學證據。

這份聲明提出了五個建議：

- 大家在評估遊戲是否對認知功能有效的同時，也必須要思考玩遊戲投入的時間成本，如果把這些時間拿去做別的事情，或許會對年長者有更多好處。

- 運動對認知功能有相當多好處，所以大家都該多運動。
- 不要因為一個研究證實某個遊戲有效，就盲目地相信了。必須要重複驗證，才能夠真的證實這個遊戲是有效的。
- 目前沒有任何一款遊戲有證據顯示，玩了這遊戲之後，會降低罹患失智症的機率。
- 認知訓練不是像打疫苗一樣，一勞永逸。認知訓練是需要時間，慢慢累積才會看到效果的。

認知訓練有用嗎？

第一問：該做怎樣的認知訓練？

答：目前已知最有效的認知訓練，是強調提升執行功能的認知訓練。因為執行功能是大腦運作很核心的功能，所以執行功能的訓練，能夠有效提升不同類型的認知能力。

第二問：玩遊戲是最好的訓練嗎？

答：最容易商業化的認知訓練，就是在3C設備上玩遊戲。任天堂公司，就長期和日本東北大學的川島隆太教授合作，推出一系列的遊戲，像是早期的〈Brain Age〉，到比較近期的〈大人的腦部訓練〉。雖然這類的遊戲，或許對於認知功能的提升及維持有幫助，但是，有學者警示，不該孤注一擲，還有很多活動，對老人的認知功能也是有幫助的。

第三問：該怎麼選擇適合自己的認知訓練？

答：其實，**如果你的生活有一定的挑戰性，就不一定需要額外去做認知訓練。**就像不少小吃店的老闆，要記下客人點的餐點，以及算錢，對於大腦就已經有足夠量的刺激了。因為訓練必須要持續，才能對人有幫助，所以建議要找自己感興趣的訓練工具，才能持續投入，為自己的認知功能帶來效益。

7

要怎麼不失智？

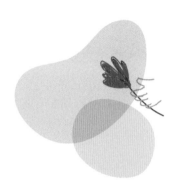

如果可以選擇的話，應該沒有人會想要失智，因為我們總會擔心哪一天如果自己失智了，可能就會對生活造成重大影響，甚至連自己是誰都搞不清楚。或許是因為大家真的很擔心失智，也讓一些業者覺得有機可趁，在美國就有一間公司Lumosity標榜使用他們公司的服務，就可以讓你不失智。結果有一個女兒買了這公司的服務讓她母親使用，母親後來居然被診斷有失智症，女兒就告上法院，而且告贏了。這間公司賠了兩百萬美金，而且不能再利用「不失智」來當作宣傳。在臺灣，時不時都會看到一些，做了什麼就不失智的宣傳，我都替他們捏把冷汗。他們可能都不知道，未來若有人拿這個來告你，你可是會賠到脫褲子的。

如果失智是大腦退化，那訓練大腦就會不失智嗎？

有不少人會覺得失智症是大腦的退化，那麼依據用進廢退說，只要多刺激大腦，理論上就會讓自己比較不容易失智。雖然研究上確實發現了，即使是老人，只要進行強度夠強的訓練，都能夠提升記憶力、注意力等的認知能力。但是，認知能力的提升，不一定等同就會降低失智症的風險。目前最大的認知訓練計畫，是美國推動的ACTIVE計畫，這個計畫共有二千八百零二位參與者，分別進行了處理速度、記憶或邏輯推理的認知訓練。在為期五至六週的過程，他們會接受約十個小時的認知訓練。在訓練結束後的測驗結果發現，訓練確實能提升老人在有訓練的認知活動的表現，但是對於沒有訓練的認知活動，其實是沒有幫助的。

比較值得關注的是他們後續的追蹤研究，在訓練後的一、二、三、五、十年後，他們都有進行後續追蹤。在兩年之後，記憶訓練對於老人的幫助基本上就已經消失了；處理速度的訓練，是維持比較好的。在五年後的追蹤研究中，他們發現有接受認知訓練的組別，罹患失智症的機率，並沒有比未接受任何認知訓練的組低。然而，在十年後的追蹤研究中，他們發現當年接受處理速度訓練的組別，罹患失智症的機率，比起沒有接受訓練的組別低了29%。目前還沒有十五年的追蹤結果，所以也不知道過了五年之後，有無參加訓練，是否會影響罹患失智症的風險。

若依循這樣的結果，你可能會想著，到底他們是做怎麼樣的處理速度訓練，我要趕緊做這樣的訓練，才能讓自己不失智。我覺得有訓練是一件好事情，但是如果你是抱持著一種：只要訓練了，我就不會失智的心情，你應該會感到失望的。因為時間隔了那麼久，在這十年中，可能發生了很多不同的事情，有可能跟訓練無關的因素，才是真正導致那些老人比較不會失智的主因。從五年的追蹤結果，沒有發現訓練對於失智症是有預防效果的，就是一個很好的對比證據。

不要被誤導了

雖然不少研究會說明做了怎樣的訓練，可能改善人的認知能力。但是，**改善認知能力，和你是否會罹患失智症，並沒有一個必然的因果關係。**因為一個人之所以會失智，有很多不同的原因，例如你若有家族性失智的基因，那麼就算你很努力，也可能難以逃過失智症的魔掌。目前還沒有足夠多的追蹤性研究，可以讓我們知道究竟哪些因素，會降低人們罹患失智症的風險。現在充其量只能說，在做了這些訓練，可以在一段時間內發現，對於老人的某些能力有助益，僅此而已。

如果真的不想失智，可以怎麼做？

在《刺胳針》（*Lancet*）二〇二〇年失智症的報導中提到，有十二個風險因子，若可以避免，就有機會降低40％罹患失智症的風險。大家可能會好奇，這麼多風險因子，只佔了40％，到底還有哪些是罹患失智症的高風險因子呢？其實年齡和基因是罹患失智症最重要的兩個風險因子，不過年齡這個因子是不可控的，基因這個因子在基因治療還沒有普及之前，也只能透過早期篩檢，早期預知風險，並不能降低罹患失智症的風險。

對年齡未滿四十五歲的人來說，接受較多的教育，就是一個降低失智症風險的重要因子。對四十五歲至六十五歲的人來說，聽力受損、腦部創傷、高血壓、飲酒過度以及肥胖（BMI大於30），是重要的風險因子，其中又以聽力受損的影響最大。聽力沒有受損，就可以降低8%罹患失智症的風險。對於六十五歲以上的人來說，抽菸、憂鬱、社交隔離、缺乏活動量、糖尿病以及空氣汙染都是罹患失智症的風險。

大家應該有發現，前面我們討論的認知訓練，並沒有被列在其中。主要的原因就是，雖然認知訓練對於提升正常老人的認知功能有幫助，但是沒有足夠的證據支持認知訓練能降低罹患失智症的風險。至於近來被認為是萬靈丹的正念冥想，雖然有被應用在提供失智症患者的照護上，也被證實有延緩認知退化、提升幸福感等效果。但是，尚未有足夠多的證據證實正念冥想能夠降低罹患失智症的風險。目前僅有研究發現，正念冥想會調節失智症的風險因子，例如可以降低憂鬱的狀況等。仍須有長期追蹤的研究，才能夠提供直接證據，證實正念冥想會降低罹患失智症的風險。

吃營養品有用嗎？

先說說維他命，後設分析的研究顯示B群維生素，尤其是葉酸，能夠有效降低認知功能退化，但是這並不代表就能夠預防失智症。其他像是維生素D或是維生素E對於認知功能維持的效果，證據都不是很穩定。

至於廣告上很常看到的銀杏（萃取物），對於認知功能的退化或是失智症的預防，又有怎麼樣的成效呢？比較多的證據是針對已經有認知功能退化，或是已經失智的老人，確實發現銀杏對於他們認知功能的維繫以及日常活動上是有助益的，不過只有在劑量高（240 mg）的時候，效果比較明顯。但是對於銀杏是否能夠預防認知功能下降，目前其實沒有定論。

服用治療失智症的藥物，有幫助嗎？

針對延緩失智症的病程上，目前美國食藥署有核准兩款藥物 Aducanumab 以及 Lecanemab，兩款都是針對阿茲海默氏症的藥物，且都是透過移除澱粉樣蛋白老化斑（Amyloid plaques）的機制來延緩病症的加劇。不過由 Biogen 公司生產的 Aducanumab，目前已經停止繼續生產了，因為這間公司想要把重心放在其他失智症藥物的開發上。這兩款藥物，基本上都是給已經有徵狀的人使用，所以也無法知道沒有徵狀的人，使用了會有怎樣的效果。

臺灣目前使用的藥物，主要都是用在減緩失智症患者的徵狀，而無法有治本的效果。乙醯膽鹼酶抑制劑這類的藥物，像是愛憶欣（Aricept, Donepezil）、憶思能（Exelon, Rivastigmine）等，就是透過降低腦中乙醯膽鹼的濃度，來減緩徵狀；另一種藥物則是透過減少麩氨酸（glutamate）所造成之神經毒性，像是威智（Witgen, Memantin），從而減少腦細胞的受損。有研究曾經比較使用愛憶欣以及安慰劑，對於有輕度認知障礙（mild cognitive impairment）的病人來說，是否會有預防他們演變為失智症的狀況。結果發現，在一年後的追蹤看起來有一些幫助，但是三年後的追蹤就沒有幫助了，也就是說，想要利用目前減緩失智症的藥物，來預防失智症，成效是不彰的。

要怎麼做才能不失智？

第一問：因為用進廢退，所以只要多刺激大腦就不會失智？

答：多做一些刺激大腦的活動，本身是一件好事。但是，有時候只是延緩我們覺察自己大腦退化的時間點。就像臨床上，女性比較晚被診斷出有失智症，主因是因為女性的語言能力較好，而這會讓人忽略了，她們大腦的運作其實已經開始退化了。所以，不要過度樂觀的認為，自己只要多做大腦體操，就會成為失智症絕緣體。

第二問：若都要長期追蹤，才能知道某件事是否為風險因子，那要怎麼預防？

答：長期追蹤才能做因果推論，然而若發現某些因子和失智症有高度關聯性，也可以合理懷疑這個因子可能會導致失智，就可以針對這個因子去產生一些因應的做法。比方說，如果有研究發現長時間看短影片，和失智症有高度正相關，透過減少看短影片的時間，或許就有機會降低失智症的風險。

第三問：失智症真的無藥可醫嗎？

答：雖然有一些零星的個案，發現失智症似乎是可以治癒的。但是，多數的介入方案，都只是延緩失智症的進程，而不是逆轉這個進程。目前有治療失智症潛力的藥物，也都僅限縮在跟移除澱粉樣蛋白老化斑有關係，而有澱粉樣蛋白老化斑的人，不一定會在行為上有失智症的表現。所以，現階段只能說有一些有潛力治療某些類型失智症的藥物，若被確診為失智了，應該還是以能延緩進程來做規劃，才是比較實際的做法。

2 人際篇

在臺灣，除了高齡人口快速增加之外，單身人口也逐年攀升。雖然單身的人不一定就會孤老，但因為沒有一個預設會陪自己到老的另一半，需要刻意的自己做安排。有配偶的人，也可能遇上愛錯人，或是喪偶的狀況，若遇到這樣的情況，到底該維持單身，還是找新的伴呢？這些問題都會在這個部分討論。

除此之外，現在的社交環境有不少變革，像是網路社交日益普及，還有跨世代交友的倡議等，都為老人的社交生活帶來一些新的契機。雖然想到變老的影響，我們不一定會連結到人際的改變，但我覺得若一個老人有好的人際互動，對他在生活各層面都是很有幫助的！

1

家人好，還是朋友好？

在傳統的華人社會中，上了年紀的人，因為離開了職場，生活重心就會更加向家庭傾斜。但隨著社會的變遷，退休的人，生活重心不一定就會回歸家庭，而且老人和成年子女之間的關係，也有了一些改變。過去養兒防老的思維，也越來越受到挑戰。

面對這樣的社會變革，搞清楚怎樣的人際關係對老人最有利，是很重要的課題。早在幾十年前，國外的研究就顯示，並非所有的人際關係，對老人來說都是有好處的。

一個德國的長期追蹤研究就發現，對於中年人來說，與家人、朋友的互動，都會提升正向情緒以及生活滿意度。但是，對老人來說，和家人互動會提升正向以及負向情緒，但是與生活滿意度沒有關係；和朋友互動則會提升正向情緒、生活滿意度，同時降低負向情緒。也就是說，在這個研究中發現，**老人和朋友互動的好處，比和家人互動的好處還要多**。但是，研究者認為，會有這樣的轉變，是因為老人看待家人的角色有了轉變，他們會更依賴家人，而這樣的依賴比較是生活中的依賴，而不盡然是社交上的依賴。

不過，並不是所有研究都發現朋友對於老人更有幫助，有一個比較加拿大與拉丁美洲老人的研究就發現，對於拉丁美洲的老人來說，家人對他們是有比較多正面影響的。一個比較中國和美國老人的研究則發現，家人對中國老人負面情緒有較大的影響，朋友則對美國人負面情緒有較大的影響。綜合這兩個研究的結果，都反映了**家庭關係在不同文化中扮演的角色，會調節家人的關係對於老人的影響**。

重要的不是身分，而是扮演的角色

在研究上，比較容易從身分上去劃分，有血緣關係的就是家人、沒有血緣關係的就是朋友。不過老實說，用這樣的方式去歸類到底和家人或是和朋友的關係，對於老人比較有幫助，會有點失準。

有一個針對失智症照護者的訪談研究就發現，老人感受到來自家人、朋友的支持固然會有所不同，但是更重要的，是他們怎麼看待這些支持。比方說，有些老人覺得來自家人的社交支持，會讓他們覺得有壓力，因為他們擔心家人會有種被過度依賴的感受。所以對這些失智症照護者來說，他們更喜歡同病相憐的朋友，因為這些人最懂他們的感受，也最能夠給予他們最需要的支持。

雖然說扮演的角色才是重要的，但是人都很容易受到標籤化的影響，當覺得自己是伴侶，和覺得自己只是好朋友的時候，就會覺得自己該扮演的角色是不同的。

或許也因為這樣，世界上有越來越多老年離婚的案例，有一項調查資料顯示，六十五歲以上的離婚率，在一九九〇到二〇二一年之間成長了三倍。之所以會這樣，可能是因為彼此都覺得和那個人保留配偶身分弊大於利，所以決定結束關係。在日本也有人選擇不離婚，而是宣示彼此進入「卒婚」狀態，就是沒有夫妻之實，只是還保有婚姻關係，這同樣也是一種用改換標籤來改變自己身分認同的做法。

不要被誤導了

刻板印象中，我們都會覺得老人的社交圈會比較小，獲得的社交支持會比較少。但是一個發表在《心理學與老化》(*Psychology and Aging*)的研究發現，如果只考慮比較親近的朋友，年齡並不會造成影響，也就是說老人和年輕人親近朋友的數量是沒有差異的。年輕人之所以社交圈比較廣，是因為有比較多泛泛之交。其實不論年齡，若一個人有比較多親近的朋友，感受到的社交支持的品質就會比較高、生活的幸福感也會比較高的。

如果家人、朋友等社交支持對老人是重要的，那要怎麼維持好的家人、朋友關係呢？

該怎麼維持好的家人關係？

綜觀研究，有一個大家沒有想過的發現，就是**老人自身的健康狀況，會大大影響跟家人之間的關係**。主要的原因就在於，當老人需要被照護的時候，就很容易有壓力，會破壞家人間的關係。在傳統的華人社會，父母老了由兒女照顧是天經地義的事情。但是，伴隨時代的變遷、家庭結構的改變，不少戰後嬰兒潮世代嘲諷自己是照顧長輩的最後一代，言下之意就是晚輩不會照顧自己。為了因為照護而導致家人關係緊張，最好的做法就是讓自己可以維持健康，降低需要被照護的可能。

第二個重要的因素是尊重，這又可以分成三個不同的面向：**真誠的尊重、尊重個人的喜好、尊重個人的自主性**。老人很容易在面對子女的時候，依舊有一個「我是長輩，我有權利及義務管你的行為」。這樣的心態很容易讓子女覺得不受尊重，以至於破壞了家人間的關係。反之，子女在老人需要被照顧的時候，會覺得自己有權決定父母的照顧，也會因為不尊重他們的自主性，對彼此的關係造成負面的影響。

第三個就是要有多元的社交支持，若對於子女有過於依賴的狀況，也容易因為子女感受到壓力，而引發衝突。所以，老人該想辦法維持多元的社交支持，而不該僅侷限在家人關係上，甚至只聚焦在配偶身上，這對彼此的關係來說，都是不健康的。

從子女的觀點出發，若希望和老年的父母有好的關係，就要想辦法讓父母感受到有安全的依附關係。不論是相互性孝道信念（由長期互動中建構出的親密情感，由「奉養祭念」及「尊親懇親」兩個孝道觀念）、權威性孝道信念（包含了「抑己順親」及「護親榮親」兩個孝道觀念，它反映華人家庭關係的性別與輩份階序）或是關係的自主性，都有助於提升老年父母的安全依附感。

該怎麼維持好的朋友關係？

誠如前面提到的，朋友關係對老人是好處多多的，所以老人應該要盡可能尋求多一點的朋友支持。人之所以和另一個人成為朋友，很多時候是因為有共同的生活圈，像是同學、同事等等的。若老人在退休之後，沒有建立新的生活圈就比較難交到新朋友；再加上以前的朋友，因為生活圈的轉變，或是因為健康的因素離開人世，都會導致朋友支持減少。也因此，維持朋友關係的第一個因素，就是**要持續有社會參與**，要讓自己的生活圈是豐富的，才能維繫既有的朋友、結交新的朋友。

第二個因素就是自身的狀態，**若一個人的狀態是比較好的，也比較容易有來自朋友的社交支持。**這個狀態好有很多面向，包含了一個人是否有自信，是否情緒穩定、是否有能力處理人際關係等。

第三個因素就是**對朋友要有合理的期待**，如果你對於朋友能夠給予的期待過高，會因為失望而破壞彼此的關係；朋友也可能因為沒有辦法滿足你的期待，而備感壓力。所以，可以思考一下，對朋友該帶著怎樣的期待，才能維繫彼此之間的友誼。

雖然交朋友這件事，每個人到老的時候，都應該已經做了至少六十年。但是，一些研究結果都顯示，引導老人如何交朋友的課程，都能有效提升老人和朋友之間的關係，而且訓練的效果是可以延續的。雖然想到要去上這樣的課會讓人覺得面子掛不住，但是，若透過學習，可以有更好的人際關係，那何樂而不為呢？

家人不若朋友親，該感到難過嗎？

第一問：你的社交支持是否足夠？

答：若答案是肯定的，那不管是從哪個管道獲得的，都沒關係。

第二問：總覺得對家人的付出沒有被尊重，該怎麼調整？

答：有可能是因為你對於家人有比較高的期待，所以容易感到失望。可以把家人想像為朋友，再問問自己是否會失望。

第三問：該對朋友掏心掏肺嗎？

答：這取決於你們之間的關係，若你們對彼此的認定不對等，這樣反而會造成別人的壓力，對於友誼是有害的。

2 朋友越多越好嗎？

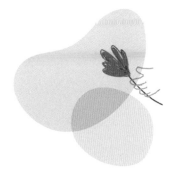

從青春期開始，人們對於友情的渴求就大於家庭的渴求，這樣的現象會持續到他們組成家庭，社交的重心又會從朋友轉移回家庭。不過，對於沒有結婚，或是有結婚但沒有小孩的人來說，朋友的社交支持還是相當重要的。在德國就有研究顯示，沒有和子女住在附近的老人，他們的社交型態和已婚但沒有生小孩的老人是接近的，都傾向透過結交朋友，來彌補來自子嗣的社交支持。

老人有朋友，除了可以彌補親情的社交支持之外，其實還有很多好處。大家比較容易想到的，就是朋友多的人，會有比較好的社會支持、對自己的生活會比較滿意；也有研究發現，朋友多的人，幸福感是比較高的。不過，也有一些是大家可能沒有想過的，像是有加拿大的研究顯示，有較多朋友的人，身體是比較健康的。還有一個可能會跌破大家眼鏡的，就是不少研究都顯示，和朋友互動有助於認知功能的維持，像是有比較好的事件記憶、執行功能表現等等。

為什麼交朋友會帶來這些好處？

交朋友之所以會對老人有這些好處，有不同的解釋。以朋友提升幸福感為例子，兩者的關係其實受到很多因素的中介，像是為了維持友誼付出的努力、友誼的品質、自己覺察到的獨特性、感受到自身的重要性等，都調節了朋友與幸福感之間的關係。意思就是，有朋友之所以會提升幸福感，是因為有朋友會影響你為了維持友誼而付出的努力，而你為了維持友誼而付出努力的這件事，會進而提升你的幸福感；其他因素也都是透過同樣的機制，而中介了交朋友和幸福感之間的關係。

至於交朋友能提升認知功能的原因，則是因為和朋友互動的過程中，會需要活動身體、聊天交流等，而這樣的過程，都會進而提升我們的認知功能。目前研究還沒有很細緻地去區分，你和朋友的互動模式，會如何影響不同的認知能力。也就是說，和朋友相約去踏青，相較於和朋友一起打麻將，雖然都是和朋友互動，但因為會帶來不同層面的刺激，可能會提升不同的認知能力。

這些交朋友帶給老人的好處，不一定要由同一群朋友所造成。所以，若可以的話，應該想辦法結交不同類型的朋友，比方說有些是可以一起從事靜態活動的，有些是可以一起去登山、跑馬拉松的，透過和不同類型朋友的互動，為自己帶來最大的助益。

不要被誤導了

有些人可能覺得，我和家人的關係很緊密，沒有必要也有關係緊密的朋友。雖然某種程度上來說，這是沒有問題的，但是如果家人一個一個離開了，那你若沒有朋友，自己可能會頓然覺得喪失了社交支持，這樣是不好的。此外，研究發現，朋友和家人會對一個人不同的面向產生影響。所以，不要因為自己有親情，就覺得自己不需要友情。

朋友要重質還是重量？

針對這個問題，過去的研究比較少著墨，我想一個原因是，不論是質或是量，都很難定義怎麼樣叫做多、怎麼樣叫做少。雖然大家會覺得量應該是可以客觀定義的，但是如果一個人生活中能夠接觸到的人就是比較少，他幾乎和這些能夠接觸到的人都成為了朋友，我們還要覺得他的朋友是比較少的嗎？

此外，在一個探討友誼如何影響老人孤單、幸福感的研究中，他們發現針對不同的徵狀（孤單、憂鬱、焦慮以及壓力），朋友要能夠發揮正面的影響力，所需要的數量是不同的。但是，即便以最難改善的孤單感受為例，這個研究都發現，其實只要有四個朋友，基本上影響力就沒有差異了。所以，就算朋友的數量會影響朋友帶來的好處，所需要的量，恐怕不是太多。

質的部分就有更多變異性了，因為每個人對於質量的要求都不同；明明都是每個星期和朋友聚餐一次，有些人可能覺得這樣是高質量的友誼，有些人反而覺得這樣是低質量的友誼。在少數有比較質和量的研究中，有個研究發現，朋友的數量越多的時候，對於視覺建構的能力是有幫助的。然而，和朋友互動越頻繁的時候（假設就有比較好的質量），則是對多數的認知功能都有幫助。

該怎麼多結交朋友？

雖然研究上告訴我們，朋友不用多，有可能四個好朋友就夠了。但是，有的人可能連四個好朋友都沒有，這問題就比較大了。根據過去的研究，可以給大家幾個建議：

一、**樂觀的心態**。根據巴爾的摩經驗常模嘗試（Baltimore Experience Corps Trial）的結果發現，若一個人對於未來是抱持比較正面的態度，兩年後會結交比較多的朋友，也會有比較好的社會支持。不過這僅適用於一開始對於未來的正面態度是在均值以上的人，若一開始對未來正面態度是在均值以下的人，則不會因為自己的態度比較正面，兩年後就會結交比較多的朋友。

二、**維持心理健康**。歐洲的大型研究計畫 Survey of Health, Aging and Retirement in Europe（SHARE）發現，人的心理健康和社交支持之間是相互影響的，也就是說心理健康的人，會有較多的社交支持；而有較多社交支持的人，心理也比較健康。雖然沒有辦法判定孰是因、孰是果，但**心理比較健康的人，社交支持也比較多**，這樣的關係是存在的。所以，也可以透過維持心理健康，來獲得比較多的社交支持。

三、**心態真誠但不強求**。有些老人因為孤單久了，遇上願意和他們交流的人，就會有種抓到浮木的感覺，讓對方覺得很有壓力。即便這個人想要跟你當朋友，也可能會因為你帶給他的壓力，而選擇跟你漸行漸遠。比較好的方式是，不要著急，多觀察、探索，確認自己和對方的想法之後，再採取行動。

朋友對老人來說重要嗎？

第一問：有家人，就不需要朋友？

答：家人和朋友都是好的社交支持，但兩者的功能性不盡相同，所以不要因為有緊密的家人關係，就覺得自己不需要朋友。

第二問：朋友的質和量哪一個比較重要？

答：目前這方面的研究還不夠多，但兩者應該都是重要的，只是到底多少算數量多、算質量好，有待未來進一步研究。

第三問：該怎麼結交新朋友？

答：有好的心態是最重要的，如果只是自怨自艾，怎麼自己都沒有朋友，那是不會有幫助的。

3 網路社交對老人有好處嗎？

在網路社交不盛行前，人與人的社交都必須透過實體方式來進行。倘若一個人臥病在床，或是搬到一個新的環境，都會影響他的社交生活。然而，若善用網路社交，就可以突破那些實體社交的障礙，降低這些因素對社交生活的影響。網路社交對老人來說，是相當有潛力的，因為老人最容易有臥病在床，或是因為離開工作崗位而改變社交圈的狀況。

不過，網路社交也不是沒有缺點。例如，因為網路社交匿名、快速擴散的特性，容易有霸凌、詐騙等事件發生，是潛在的缺點。此外老人若把網路社交等同於實體社交，可能會犯錯，對自己造成很大的傷害。例如，很直接的表達自己對一些事情的看法，特別像是政治立場的看法，就有可能因為網路的快速擴散，而成為酸民攻擊的對象。

網路社交讓老人更憂鬱嗎？

在不少青少年的研究上都發現，網路社交的使用，和青少年的憂鬱、焦慮有顯著的正相關，顯示網路社交對青少年來說是有害的。不過，有別於針對青少年族群的研究結果，網路社交不一定會讓老人顯得更憂鬱。比方說有研究發現，當老人社交圈比較小的時候，網路社交的使用，會讓老人有較多的正向情緒。這顯示了，**網路社交對於老人來說，可以是另一種社交支持的管道。**有個臺灣的研究，也有類似的結論，這個研究找了五十五歲以上的退休中高齡者，請他們記錄十天網絡互動以及情緒狀態。結果發現，和朋友在網路上的互動越多，則正面情緒發生的頻率越高，顯示網路社交對老人來說也是重要的。另一個研究，則是教導老人使用網路進行社交活動，結果同樣也發現，若能夠有比較多的網路社交，對老人來說有比較多好處。

另外，有研究認為，其實網路社交對於老人的情緒，基本上是沒有影響的。這是一個為期六年的追蹤研究，他們發現那些憂鬱的老人，通常都是在使用網路社交之前就已經憂鬱了，而不是因為網路社交所造成的。網路社交之所以跟老人憂鬱沒有關聯性，可能是因為有其他更重要的因素，會影響老人是否憂鬱，例如身體的健康程度、感受到的社交支持、是否有社交隔離的狀況等。

不要被誤導了

網路社交的研究，結果很容易有不一致的狀況，這不一定是因為網路社交對人的影響不夠明確。背後主要的原因在於，網路社交的使用，通常是請參與者主動回報。人們很容易低估自己的使用狀況，各位讀者可以先問問自己，你覺得自己過去一週平均的使用量，然後檢視一下你手機上的使用量，就會發現當中可能存在不小的落差。最好的做法，應該是記錄實際使用的狀況，但是這樣的做法有侵犯個人隱私之虞。

網路社交加劇年齡歧視的狀況？

網路社交，因為有匿名、快速傳播等特性，很容易有各種形式的歧視發生。網路上對於老人的描繪，就是比較偏負面的，而這樣的環境，對於使用網路社交的老人來說，是有害的。廣於在網路社交上流傳的各類迷因（meme），也充斥著對老人不友善的內容。比方說，有一個迷因就嘲諷老人因為有風濕關節炎，所以可以用自己關節是否會痛，來預知天氣的變化；或是諷刺老人在聽到網路傳言的時候，會很容易隨之起舞，很容易受到假訊息的影響。

事實上，有研究證據顯示，這些網路上的年齡歧視，對於老人的身心健康都有負面的影響。若老人把這樣的歧視內化，也就是相信自己就是如那些內容描述的那樣，就會大大提升慢性疾病以及憂鬱症的風險。

有鑑於此，世界最大的老人組織 AARP（American Association for Retired Persons）在多年求就提倡要**破壞老化（Disrupt Aging）**，除了透過宣傳影片倡議之外，更結合圖庫業者 Getty Images，提供貼近真實生活的老人照片，而不是只有衰老的老人照片。世界衛生組織也在二〇二一年發布了第一份的全球老年歧視報告，並推出了行動方案包，鼓勵大家利用網路來呼籲重視老年歧視的課題。

老人更容易在網路社交上被霸凌？

依據研究資料，最容易在網路上被霸凌的成年人是十八～二十五歲這個族群，隨著年紀的增長，經驗過網路霸凌的比例是下降的。但是，這不一定代表著，老人受到網路霸凌的影響是比較小的。因為年輕族群比較熟悉網路上的生態，面對被霸凌不一定會受到影響；反倒是老人，因為不熟悉，很有可能會過度反應，反而深受其害。

除了霸凌之外，在網路上被騙反而是很多老人曾遇到過的事情。美國有一個調查資料顯示，有接近六成曾在網路上被欺負的老人，是因為被別人騙了錢。這些中傷老人的網路行為，影響是深遠的，除了金錢上的損失之外，也有可能會影響老人的自尊心、自我效能等。倘若是熟人的帳號被盜用來欺騙老人，還會損害老人和親朋好友之間的關係，破壞原本的信任關係。

老人該使用網路社交嗎？

網路社交看起來對老人並沒有明顯的好處，那麼這是值得推廣的事情嗎？若是十年前要回答這個問題，我會說這跟老人本身的狀態有高度的關聯性。如果這個老人的3C能力是中等以上的，那麼網路社交對他們來說是有好處的。除了3C的能力之外，還有其他因素也會影響網路社交對老人的影響，比方說老人原本社交圈的大小、身體的健康狀態等。

但在十年後的此時此刻，問題不應該是老人是否該使用網路社交，而是他們該怎麼使用網路社交。在這件事情上，COVID肆虐扮演極為重要的角色。因為當時封城、限制實體社交的措施，促使一些遲遲不願意使用網路社交的人，不得不使用網路社交。不少因此而投入網路社交的老人，也就這樣留下來了。

對於不熟悉網路操作的老人來說，像Line這樣的即時通訊軟體，是比較適合他們用來從事網路社交的媒介。因為互動的模式，和傳統的社交比較接近。然而，使用像臉書這樣的社群平台，可能就不是太恰當，因為有很多複雜的設定，他們可能因此不慎揭露了自己的隱私，也可能引誘有心人士來詐騙他們。不過，詐騙這事情，在任何管道都會發生，不侷限於網路世界就是了。只是因為老人對於網路世界的詐騙比較不熟悉，更有可能會因為陌生而被騙。

不使用網路社交不好，但使用太多也不好。近年來，陸續有研究在探討老人網路成癮的狀況，也就是說他們過度的使用網路了。有一個中國的調查發現，若在生活中有越多的社交支持，則老人網路成癮的狀況會比較不嚴重。這個結果顯示了生活中獲得社交支持是重要的，在過去沒有網路社交的年代，這些老人可能就會感到孤單；在有網路社交的年代，這些老人會透過網路社交來彌補生活中缺乏的社交支持，但稍有不慎，就會有成癮的狀況。

老人該用網路社交嗎？

第一問：網路社交對老人有好處嗎？

答：對於生活中比較少有社交支持的老人來說，網路社交的好處是很多的。即使對生活中有社交支持的老人來說，網路社交的好處也比壞處多。

第二問：老人該放棄實體社交嗎？

答：對於現代老人來說，他們不是數位原住民，所以實體社交對他們來說有不可取代的意義。如果不是遇上COVID，可能很多老人到現在都還不一定願意使用網路社交。

第三問：老人在網路社交上有哪些該注意的？

答：首要注意的事情是，千萬不要以為網路社交和實體社交只不過是媒介不同。其實，網路社交的匿名性、快速擴散性，對老人來說都是有高度風險的。此外，網路上也有各種形式的年齡歧視，這也是需要注意的。

4

跨世代互動是好的嗎？

為了弭平老年歧視，近年來有很多推動跨世代互動的行動，像是弘道老人福利基金會，就透過志工協助不老騎士的活動、推動共生社區等方案，來促進不同世代間的理解。類似的案例在國外也非常多，像是美國阿茲海默氏症活動中心，就推動幼兒園孩子來和阿茲海默氏症患者互動的方案，來提升他們的幸福感；在很多地區也都有青銀或是跨世代共居的方案，透過跨世代的互動，來打造對彼此都有利的環境。

然而，這樣的做法，究竟是一廂情願，還是真的有幫助呢？

從個別研究來看，確實有一些研究發現，跨世代的交流，對於老人來說是有幫助的。但是，跨世代交流的好處，似乎沒有大家想像的大，甚至不太穩定。這當中有一個很大的研究困境，就是研究很難用雙盲的方式來進行，也降低了研究的真確性。因為，很有可能老人會猜出研究的目的，是想要知道跨世代互動的影響，因而做出了迎合研究者的反應。

科普小教室

雙盲研究指的是，不論是研究的執行者，或是參與研究的人，對於研究的操弄都不清楚。當然，會有一個研究規劃者知道研究的操弄，並且知道哪些人是實驗組，哪些人是對照組。最常見的雙盲研究，就是在新藥物研發的過程中，會讓有些人使用安慰劑，一些人吃真的藥物，然後比較安慰劑和藥物之間，是否會有不同的效果。因為安慰劑本身和藥物外表上沒有差異，所以參與者不太可能知道自己吃的是安慰劑還是藥物。但是，在跨世代的研究中，很難透過雙盲的方式來進行，因為參與的老人，肯定知道現在有其他年紀的人來和他互動。除非，我們進一步去控制互動的程度，才有可能降低老人猜出研究操弄的狀況。但是，執行研究的人，一定會知道這個研究的操弄為何，所以最多也只能作到單盲。

另外，這類研究在進行時，很難做到長時間的交流互動，也不一定能夠反映長時間跨世代互動的狀況。像是有些研究是讓老人每週進行一小時的跨世代交流，持續三個月後，比較跨世代的交流對他們是否有影響。甚至還有研究只是比較一次跨世代交流的影響，就算當下可能有一些影響，也不知道這樣的效果是否有延續性，長久來說能對老人產生好的影響。

目前若要了解長時間跨世代的交流對老人有什麼影響，大概只能從一些青銀共居的方案來著手。有一個針對高雄青銀共居社會住宅的研究，研究者採取質性訪談的方式，發現老人肯定這類青銀共居的作法。但青銀共居的方案，並非都相當圓滿。比方說德國的調查就發現，年輕人對於共居所要付出的成本有低估的狀況，以至於容易和老人發生衝突。另外，不僅年輕人，即便認為這種方案不錯的老人，也不一定會想要加入青銀共居的方案。

不要被誤導了

不少跨世代交流的研究，都是在安養機構進行的，因為這些老人移動性比較差，資料蒐集的難度比較低。這些老人平時比較難有機會和其他世代的人互動，因此只要有跨世代的人來進行交流，對他們的影響就會比較大；換言之，跨世代交流的效果，有可能被高估了。

為什麼跨世代交流對老人有幫助？

跨世代交流的過程中，因為有人際互動，所以會降低老人孤單的感受。另外，透過交流，不僅老人可以對年輕世代有進一步的認識，反之亦然；因為雙方都對彼此有進一步的認識，會降低老人歧視的狀況，而這對老人來說也是有好處的。在上一篇提到AARP「破壞老化」（Disrupt Aging）的宣傳影片，這邊多跟大家介紹一下這影片的內容。影片中，他們先問年輕人覺得多老算是老，並且請他們模仿老人過馬路、看手機簡訊、做運動等。除此之外，他們讓年輕人和一些老人互動，並且讓年輕人教老人一件事情、老人也要教年輕人一件事情。影片一開始，年輕人對老人有很多的誤解、偏見；但是在實際交流後，他們都大大的改觀了。從老人的角度，也因為透過這樣的交流，發現自己的能力其實沒有想像的差，也有正面影響。

跨世代交流還有一個重要的好處，就是**老人可以透過交流的過程，找到生活的意義感**。比方說，如果這個交流是讓老人教年輕人做自己很擅長的料理或是工藝品，那麼在過程中，會讓老人覺得自己的存在是有價值的，還可以對社會有所貢獻的。意義感的追尋，恰巧就是發展心理學家艾瑞克森（Erik Erikson）認為對老人來說最重要的課題。

怎樣發揮跨世代交流的最大效益？

在很多跨世代交流的研究中，用小孩來進行跨世代交流的效果，比起用青少年來進行跨世代交流是較好的。有一個研究還進一步去比較學齡前和小學的孩子，和老人進行跨世代交流的成效是否有差異。他們發現，年紀越小的，對老人的幫助越大。研究者推測是因為年紀越小，長相比較可愛，老人喜歡可愛的事物，因而跨世代的交流成果比較好。

另外，如果事先能搞清楚交流的目的，並且了解另外一個世代的優勢，也能提升跨世代交流的成效。這或許也是為什麼共居的方案，對老人的成效比較正面的原因。因為，會選擇要和年輕人共居的老人，有比較明確的目的性：透過提供住所給年輕人，來換取自己需要的服務。

雖然以上的討論都放在沒有血緣關係的跨世代交流上，但有血緣的跨世代交流，也證實有很多好處。比方說，老人透過照顧孫子女，可以獲得成就感，也能夠和孫輩建立更親密的關係，能夠提升老人的幸福感。不過，老人和孫子之間的互動，也可能有負面的影響。比方說，若照顧成了負擔，或是價值觀不同，也會導致衝突對老人有負面影響。

最後，想提醒大家，跨世代交流，其實算是一個假議題。**如果人際相處的時候，沒有那麼在意對象的年齡，那就不用區分什麼是跨世代交流、什麼又不是跨世代交流。**

老人該進行跨世代的交流嗎？

第一問：跨世代的交流對老人有幫助嗎？

答：可能有，但效果相對也比較有限。不過，這可能是受限於研究的方式，以及交流時間的長短，以至於效果沒有預期的大。

第二問：要跟怎樣的世代交流，才有幫助？

答：比較多研究是探討老人和小朋友之間的交流，成效也較佳。然而，成年之後的不同世代交流，是否同樣對老人也有好處，還有待未來研究驗證。

第三問：該怎麼發揮跨世代交流的最大效益？

答：有明確的目的，以及了解自己的優勢，都能提升跨世代交流對老人的效益。

5

自己一個人好好過，不行嗎？

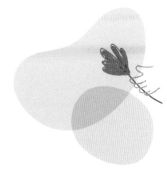

現在終身不婚的人越來越多，不論是在日本或是在臺灣，都有這樣的現象。根據內政部民國一一二年的資料，六十五歲至八十九歲的女性，終身單身的比例高於男性，年齡越輕的，終身單身的比例越高（六十五～六十九歲的女件終身單身的有5.9％，六十五～六十九歲的男性終身單身的有5.7％）；若和民國一〇〇年相比，六十五～六十九歲單身的女性百分比增加了近一倍，單身的男性百分比增加了約八成，都顯示終身單身的人越來越多。若以台北市為例，則單身的比例更高，六十五～六十九歲的女性有11％終身單身，男性則有7.9％終身單身。

美國國家安全局網站上的資料顯示也有類似的結果，到了二〇四〇年，美國退休的老人中，會有約6%的人，是終身單身的；和二〇〇三年的資料相比，增加的幅度高達50%。跟喪偶的人相比，終身不婚的人，是選擇性的維持單身，而不是被迫單身。如果到老年還是單身，究竟是好，還是不好呢？

不要被誤導了

雖然有一些資料顯示結婚對男性的幫助較多，有人就解讀為結婚對女性無益。但實際狀況是，傳統

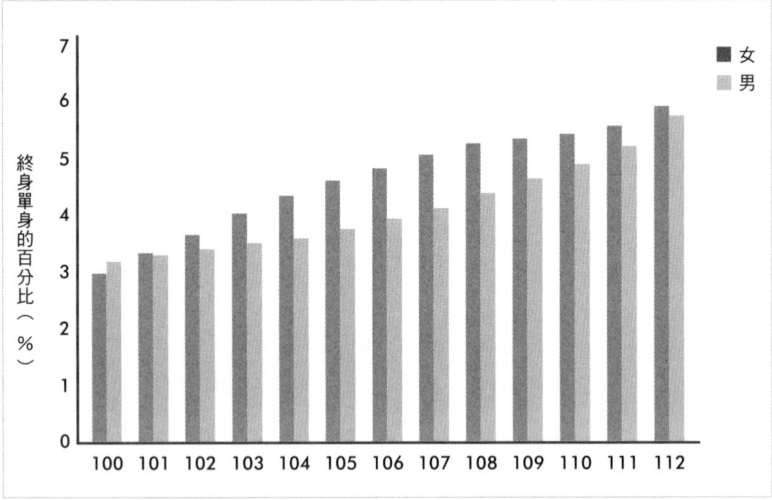

自民國100年起終身單身的男女比例

社會中，結婚的女性會承受比較多的壓力，因而抵銷了結婚帶來的好處。但隨著男女關係的漸漸平等，認為婚姻對男性較有幫助的說法，已經越來越站不住腳了。比較適合的說法應該是，人會因為婚姻而帶來一些改變，這些改變有可能會對個體產生影響，所以關鍵是這些改變，而不是結婚與否。比方說，因為結婚後，伴侶會關心你是否作息正常，因而讓你比較健康；重點不是結婚，而是有被關心這件事。也就是說，單身的人，如果可以獲得同樣的關心，對自己的健康也是有好處的，即便他沒有結婚。

終身單身是一種中庸之道？

蠻多研究在比較終身不婚對老人的影響時，都會同時間比較已婚、離婚，以及喪偶的這三種族群。雖然離婚、喪偶和終身單身的人，都是沒有配偶的，但在研究發現上，通常會看到終身單身的人，跟離婚或喪偶的人，是有差異的。比方說，**在探討婚姻狀態與幸福感之間關係的研究，通常發現已婚的人是最幸福的，離婚／分居、喪偶的人是最不幸福的，而終身單身的人則介於中間。**在一些健康指標上，也有同樣的發現：有配偶的人，是最健康的，而終身單身的人，健康狀態是居中的。

但是，有一個針對日本、韓國、中國、臺灣的研究發現，婚姻狀態對人的影響是相當複雜的，並不是只要結婚，就會對人的健康有正面影響。在日本，已婚男性的健康都比較差；在韓國和臺灣，對婚姻狀態不滿的男性，健康狀態也比較差；對婚姻狀態不滿的女性，健康狀態也比較差。

這些結果說明了，有無配偶對人的影響，並不單純。同樣沒有配偶，但終身單身的人，因為沒有經歷喪偶、離婚這類重大的情緒引發事件，身心的狀態都會有所不同。這也呼應了前面討論喪偶的章節中，提到了雖然都是從有配偶到沒有配偶，離婚對人的負面影響又更大。

科普小教室

走路是一件稀鬆平常的行為，但近來常被拿來當作一個反映老人身心狀態的指標。在英國一個針對六十～七十九歲的研究就發現，結婚的人走路速度相較於喪偶、離婚的人來說是比較快的；但是，和終身單身的人並沒有差異。此外，這個研究還發現，走路速度和心理幸福感之間是有正相關的，意味著結婚的人，心理幸福感也較喪偶、離婚的人高。

終身單身的多樣性

如同有配偶的人，有些婚姻關係美滿，有些則有點不平順，終身單身的人，也有多種不同的樣貌。像是單身的人，若對於伴侶的渴求超過平均一個標準差以上的，那麼對於生活的滿意度會比較低。荷蘭一個大樣本的追蹤研究顯示，對於終身單身的人來說，中年是一個轉捩點，中年之後的單身者，年紀越大，對於單身的滿意程度越高。這個研究同時也發現，年齡和對於伴侶的渴求是負相關，顯示年紀越大的人，對伴侶的渴求越低。這兩個研究的結果都顯示，若單身的人，沒有安於單身的狀態，只是還沒有找到對象，那麼對他們的身心狀態會有負面影響。

另外，終身單身的人，對於生活的掌控程度也會對他們產生影響。掌控程度越高的人，對自己生活的滿意度越高。背後的原因有可能是因為掌控程度會帶來自由及自主性，而這些都會對終身單身的人有正面影響。有鑑於終身單身的多樣性，顯示了是否有配偶真的不是關鍵，**重要的是，你選擇用怎麼樣的方式來過生活。**就像單身的人，不一定等同於孤身一人，在世界各地都有越來越多沒有血緣關係的人，選擇共居的作法。

若打算終身單身，要有哪些準備？

如果你目前是單身，且覺得自己應該是沒有機會脫單了，那麼你要事先做好以下的準備。

一、**社交支持體系：**畢竟單身的人少了配偶提供的社交支持，也少了姻親的社交支持，就需要更努力的建立好的支持體系。

二、**經濟上要更獨立自主：**因為沒有配偶，也沒有子女可以提供經濟協助，就要有更好的財務規劃。

三、**維持身體健康：**減少自己需要住院、被照護的機會，就可以避免對別人的依賴。不過，人生難免會有意外，你也要準備好幾個重要他人的清單，倘若自己需要住院，或是已經意識昏迷的時候，有人可以協助你做醫療方面的決策。

四、**培養興趣：**因為單身的人，有更多的機會需要和自己相處，若不知道要做什麼，很有可能會陷入孤單、寂寞的困境。興趣的培養，不僅可以降低自己無聊的機會，也可以藉由興趣來結交朋友，增加自己的社會參與，一舉兩得。

自己一個人好好過，不行嗎？

第一問：單身有害嗎？

答：研究上大致會發現，終身單身的人，狀態是介於有配偶和喪偶或離婚的人之間；有配偶的人，身心狀態是最好的，喪偶或是離婚的人，狀態是最差的。但是，這樣的詮釋有點過於簡化了，在婚姻關係中不幸福，對人也是有害的。

第二問：單身的人都一樣嗎？

答：當然不一樣。目前的結果顯示，若你越能夠安於單身的狀態，你的生活滿意度會越高。反之，若你還是渴望進入婚姻關係，你對自己的狀態就會是比較不滿意的。

第三問：若選擇要單身一輩子，該做哪些準備？

答：好的社交支持、穩定的經濟狀態、健康的身心、興趣的培養是四個你該做的準備。當然，**有好的心態，是最基本的。**

6

該離婚，還是繼續下去？

有鑑於中高齡者離婚的人數攀升，美國最大的老人組織AARP在二〇〇四年提出了一個名詞Gray/Grey divorce（灰色離婚），意指頭髮斑白的配偶離婚的現象。有幾個相關的數據供大家參考，從一九九〇年到二〇一〇年，老人離婚的比例翻倍；在二〇一九年，五十歲以上的離婚配偶，佔所有離婚配偶的三成六；更近期的數字顯示，有四分之一的離婚配偶，是超過六十五歲以上的配偶。臺灣的數據也不遑多讓，根據內政部的統計資料顯示，從民國一〇〇年至一一二年，六十五～六十九歲的女性，離婚比率機乎倍增（從2.9至5.9％），同齡的男性，離婚率也增加了八成。

科普小教室

為什麼老人的離婚率會攀升？

大家可能會好奇，到底離婚率是怎麼算出來的？做法可以分為兩種：一種是普查，也就是調查所有人的狀況。比方說，內政部的資料，就算是一種普查，因為民眾若離婚、喪偶，只要有去辦理登記，就會有相關紀錄。但是，多數的調查並不是透過普查而來的，因為普查相當耗費資源。即便是國外的一些研究資料庫，了不起就是幾千筆資料、破萬的就算是非常多的，研究就從這些樣本中去推估。比方說，內部政每四、五年會做的老人生活狀況調查，就不是普查，而是抽樣調查。但為了要盡可能讓抽樣的結果反應母群，抽樣的時候，每個縣市的樣本數量，是依照人口比例來取樣的。

美國的研究者認為，老人的離婚率之所以會攀升有幾個原因：一、有不少老人在年輕的時候就離過婚，所以到了老年要再次離婚的可能性比起年輕時沒有離過婚的人高；二、在美國離婚是很常見的，所以老人離婚率的攀升，是很自然的；三、越來越多女性在財務上是自主的，面對不適合的配偶時，就不需要因為經濟考量而不離婚；四、由於人們越來越長壽，導致不適合的配偶，不會提早離開人世。五、對現代人來說，婚姻的意義改變了。在臺灣，除了第一、二點可能比較不適用之外，其他三點，也適用於臺灣現在的社會。

雖然老人的離婚率攀升，但背後的原因，和老人人生階段的特殊性，並沒有關聯。有研究者曾經假設空巢期、配偶退休以及配偶的健康狀況轉變，會導致老人有較高的機率會離婚。但是，他們發現這些老人人生階段特有的因素，並不是老人離婚的高風險因子。反倒是那些造成其他年齡層配偶離婚的因子，像是婚姻品質、財務狀況等，也是導致老人會離婚的因子。另外，值得注意的是，有四分之一的老人之所以離婚，並不是因為對方做錯了什麼，或是有什麼不好的習慣，單純只是不愛了，以及家庭生活有了改變。

不要被誤導了

不少國內外的研究，都會針對資料庫的資料進行分析。然而，在看待這些結果的時候，要留意到底效果是否真的是年齡造成的，還是只是年份不同，所以有不同的結果。也就是說，除了要比較在不同年份，同樣是六十五歲的人，離婚率是否有差異，也要比較同一群人，在五十五歲的時候，以及十年後變為六十五歲時，離婚率有怎麼樣的變化。倘若年齡是比較重要的因素，那我們會預期，不管在哪一個年份，六十五歲的人，離婚率應該沒什麼差異。但如果環境是比較重要的因素，那我們會發現不同年份，各年齡層的離婚率，都會隨之改變。

離婚對老人有怎樣的影響？

要探討離婚對老人的影響，先要釐清一個狀況，就是老人是為了什麼原因而選擇離婚的。如果是因為配偶會暴力相向，或是用其他方式讓自己有負面情緒，那麼不離婚反而不好。但如果是因為雙方都覺得走不下去了，而選擇離婚，通常負面的影響居多，特別是在剛離婚的那幾年。

在離婚對老人的影響中，**最常被提及的就是離婚的人心理幸福感會下降、憂鬱的狀況會上升**。但是，如果再婚了，這些對心理層面的影響，就會減緩、甚至消失。至於在健康方面的影響，則比較不明確，有些研究發現離婚對老人的生理健康沒有特別的影響，但是有些研究則發現離婚會對健康產生負面的影響。

不過美國有個 Health and Retirement Study 的分析結果，發現**離婚對人的認知能力是有好處的**。他們認為離婚之所以對認知功能有好處，是因為當關係不和睦的時候，要處理很多衝突，而這些對於認知能力是有害的。然而，在離婚之後，不需要耗費資源在處理衝突上，自然就有額外的資源可以拿來做認知處理。

除了對身心的影響之外，離婚對經濟也有影響，對女性的影響甚鉅，生活水平有可能下降45%；相較之下，離婚對男性經濟的影響只有約兩成。除了影響幅度之外，離婚對經濟負面的影響，在女性身上持續較長一段時間，要到女性再婚，才會完全消失。然而，在男性身上，隨著時間影響會逐漸趨緩。

若這些老人是有子女的，那麼影響的層面又會更深遠。比方說，英國的調查發現，有子女的配偶，在離婚後，需要比較長的時間，憂鬱的傾向才會減緩。另外，對男性來說，離婚會大大影響他們和子女的關係，特別是在和子女的互動頻率上。

所以該離婚，還是該接受婚姻諮商？

這個問題，其實不僅是老年配偶需要面對的，年輕配偶同樣也需要面對。過去，因為離婚是個禁忌事件，大家不希望引起社會大眾的側目，即便婚姻觸礁了，也不一定會選擇離婚。然而，現在人們的自主性提升了，離婚變得比較稀鬆平常，再加上女性經濟比較自主，都促使離婚率攀升。另外，現在老人的交友管道也以前多且透明，這意味著一個需要伴的人，不會因為離婚了，就找不到伴。

在日本社會，可能離婚還是比較容易受到關注，所以興起了「卒婚」的風潮。所謂的卒婚就是，兩個人雖然沒有離婚，但是各自過自己的生活，就像離婚的配偶那樣。其實有時候，多一點空間對雙方都是好的，所以與其執著於為什麼對方想要跟自己卒婚，還不如利用這樣的空間，多關注自己的需求。

那麼到底該離婚還是該透過諮商來修復關係？我認為這是一個沒有人能夠回答的問題，因為**每對配偶的關係都不一樣，沒有哪個做法一定會比較好**。雖然傳統上勸和不勸離，但是若在關係中，至少其中一方是長期受到傷害的，那麼維持婚姻關係，不盡然就是更好的選擇。假設老年配偶選擇要透過諮商來修復關係，**可以專注在情緒的安全感，以及雙方的依附關係上，因為這些對於老年配偶的衝突管理是有幫助的。**

老人離婚率攀升

第一問：為什麼老人離婚率會攀升？

答：原因非常多，但跟大環境的改變脫不了關係，比方說，越來越多的女性經濟自主、人們越來越長壽，以及對婚姻關係的定義改變。

第二問：**離婚對老人有害嗎？**

答：這取決於兩個因素，第一個是原本婚姻的狀況對人的影響，第二個則是離婚後採取怎樣的方式來面對。整體來說，離婚對心理層面的負面影響是比較明確的，但對於生理層面的影響，證據比較不一致。

第三問：**該離婚嗎？**

答：每一段婚姻關係都不同，離婚後怎麼樣繼續過生活，也會調節離婚對人的影響。所以，這個問題，沒有所謂的正確答案。

7

喪偶後該追求第二春嗎？

如果你有配偶，且和配偶的關係良好，那麼有這樣的關係，對你來說好處很多。但是，若有一天配偶比你早離開人世，那麼你該維持單身，還是該尋求另一段親密關係呢？

根據內政部的數據，在民國一一二年，六十五～六十九歲的女性，約每五位就有一位是喪偶的；然而，在六十五～六十九歲的男性中，約每二十位才有一位是喪偶的。因為女性的平均餘命較長，在世界各國，女性都比較有機會經歷喪偶的狀況。

喪偶對老人的影響

根據一些調查研究的結果，**喪偶對於老人的身心都有影響。**比方說，有一個臺灣的調查發現，不論是男性或女性，喪偶後的死亡率都比沒有喪偶的人高。這背後的原因除了有人陪伴之外，更關鍵的是，配偶一般會不希望自己的另一半做一些冒險、做危害健康的行為，而會希望他們做一些對自己健康有利的事情。

在心理方面的影響則包含了，喪偶的人孤單感會比較高，比較容易有憂鬱及焦慮的傾向，也有比較高的機率會罹患失智症。有些研究發現，**喪偶對男性及女性有不同的影響，在男性身上的負面影響會比較大，**因為男性通常比較不擅長處理家務、也比較不擅長和女子溝通，而這些都是喪偶後，他們必須要自行處理與面對的。除了憂鬱與焦慮之外，喪偶對男性與女性的影響也略為不同；男性在喪偶後，心態上是較脆弱、易受傷害的，而女性在喪偶後，反而比較容易展現生命的韌性。

不要被誤導了

看到一個研究結果說喪偶對於男性憂鬱的狀況有較大的影響時，我們可能會解讀為，男性在喪偶後比較容易憂鬱。但是實際上，可能是因為沒有喪偶的男性較女性不憂鬱，喪偶的男性及女性憂鬱的程度沒有差異，所以相比之下，就會認為喪偶對男性的影響比較大。實際上就有研究獲得這樣的發現，所以我們要更謹慎看待研究結果的意涵。

若我們真的想知道喪偶對人的影響，應該要長期追蹤一群人，去比較他們在喪偶前後的狀態。然而，多數的研究並不是這樣進行的，而是預設參與研究的人們，在屬性上是差不多的，所以可以依據我們想研究的分類直接去做比較。

除了對個人身心的影響之外，從務實面來看，**如何處理姻親的關係也會對老人造成影響**。雖然喪偶之後，婚姻關係就結束了，但是姻親關係並沒有結束。日本的《民法》已經有規定，配偶死亡後，另一方可以申請終止姻親關係。不過臺灣還沒有這樣的規範，根據臺灣的《民法》，若配偶死後，在特定條件符合的情況下（同住、對方有扶養的必要以及自己有扶養他們的能力），還是有扶養配偶父母的義務，只是扶養順位是第六順位，只有前面順位的人都無能力扶養時，才會有扶養的義務。

雖然喪偶對老人有諸多影響，不過這樣的影響並非長遠的。比方說，有研究就發現長年守寡的人和還在婚姻關係的婦女，在日常和一般幸福感上並沒有差異。

再婚對老人的影響

因為喪偶又再婚的老人在比例上就偏少，相關的研究也相對有限。比方說，有一個針對喪偶者進行的研究，當中只有不到6%的是喪偶後再婚的，顯示研究進行的難度很高。

從這些少數的研究結果，發現喪偶後再婚，對於孤單感受有改善，對於健康也有好的影響。有個追蹤的研究就發現，喪偶後再婚，可以有效降低男性及女性慢性阻塞性肺病的發生率（根據世界衛生組織的統計，這個疾病是全球第三大的死因）。不過，這不一定是因為再婚所帶來的影響，有可能是這些人本身的特質所造成，而再婚與否只是一個混淆變項。另外，也有可能是某些特質的人，會比較傾向再次進入婚姻關係。這些特質影響了他們的身心狀態，這跟是否有再婚並沒有直接的關聯性。比方說，性格上比較開朗的人，比較容易再次進入婚姻關係，也因為他們性格開朗，所以比較不會有憂鬱的狀況。

科普小教室

在多數研究中，都希望可以找到變項之間的因果關係，例如希望知道喪偶是否會影響憂鬱的傾向。然而，即便發現一個變項的改變，會導致另　個變項改變的時候，我們還是不能確認這兩個變項之間是有因果關係的。因為當我們觀察到變項A會影響變項B的時候，很有可能是因為有一個變項C會同時影響變項

A，也會影響變項B，形成了一個變項A會影響變項B的假象。若有這樣的情況發生，我們就會說變項C是所謂的混淆變項。就像上面提到的性格開朗，就是影響再婚和憂鬱之間關係的混淆變項。

談再婚的困難點

喪偶後再婚的人很少，有很多原因。其中一個原因就是，沒有找到適合的對象，這個基本條件沒有滿足的狀況，其他因素都沒有必要考慮。另外的原因又可以分為跟本人直接相關的，像是前一段婚姻關係留下陰影，以及擔心要扮演照顧者的角色；跟本人沒有直接相關的，則有來自家人的壓力，包含了自身的家庭，以及姻親，還有很常被提及的遺產繼承的問題。除了這些微觀層面的，社會輿論及社會對於再婚的觀感，也都會影響老人再婚的意願。

另外，近來情感詐騙也日益增加，多數又是以網路社群的方式進行，不少詐騙者就鎖定喪偶的老人。因為這些老人比較孤獨，需要心理慰藉，若有人可以提供這方面的支持，很容易就會打動他們。擔心被詐騙，也影響了喪偶老人認識新對象的可能，也就不可能再婚。

老人喪偶vs.老人離婚

不少探討喪偶對老人影響的研究，也會把離婚的老人納入研究對象，並加以比較。**雖然喪偶和離婚對老人的影響是相近的，但離婚造成的負面影響會更大一些。**伴隨老人離婚率的攀升，以及女性喪偶的比例日益上升，如何協助這些離開伴侶關係的老人，是未來相當重要的課題。

日本已經有不少主打為老人服務的婚友社，協助老人可以找到人生的第二春、甚至第三春。雖然再次進入婚姻關係，對老人來說有好處，但是，若其他客觀條件不一定能配合的情況下，當好朋友也能夠提供老人好的社會支持，對老人來說也是好的。

喪偶後該不該追求第二春？

第一問：喪偶對老人的影響大嗎？

答：從研究數據上來看，喪偶對老人的身心都有影響。另外，有較多的證據支持，喪偶對男性的影響，比對女性的影響更大。

第二問：喪偶的老人該再婚嗎？

答：根據有限的證據顯示，喪偶的老人若選擇再婚，對他們是有好處的。所以若客觀條件可以配合，那麼老人應該要再婚。

第三問：該怎麼協助喪偶的老人？

答：提供好的社會支持是重要的，若能夠再次建立親密關係，對老人的幫助更大。

3

情緒篇

近年來，老人自殺率逐年攀升，且有越來越多老年照護者因不堪長期照護的壓力而釀成憾事的社會新聞，而這些都和不能妥善處理自己的情緒有關。只是，我們對於老人情緒能力的見解，往往都是錯誤、帶有刻板印象的。其實研究發現，老人情緒處理的能力，整體而言是比年輕人好的。但是，老人在生活中，更有機會面臨生離死別，而這類的事件，往往會對人們的情緒處理造成威脅。此外，老人大腦的退化，也會對情緒處理帶來一些挑戰，若能夠對這些變化有進一步的認識，就更能夠知道如何和情緒共處。

1

老人情緒識別能力比較差嗎？

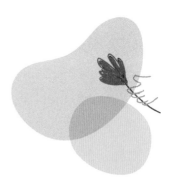

我們常會用薑是老的辣，來比喻老人因為人生閱歷豐富，所以在為人處事上，總能神來一筆，真正掌握大局。但是，為什麼會有這樣的現象呢？是因為老人比較會察言觀色，能夠掌握別人的情緒變化嗎？在這一篇章中，我們就來整理一下，研究上，究竟發現老人情緒識別的能力是比較好的，還是比較差。

關於這個議題，史丹福大學長壽中心的勞拉・卡斯滕森（Laura Carstensen）教授的社會情緒理論（socioemotional selection theory）或許能夠提供一些線索。卡斯滕森基於研究的成果，認為老人因為感知到未來比較短暫，所以會選擇專注在正向情緒的處理上，讓自己的幸福感能夠提升。在記憶研究上，確實也發現了老人對於正向情緒的事件，相較於負向情緒的事件，會有比較好的記憶表現。在探討注意力偏誤的研究上，也發現了老人會傾向注視正向情緒的物體，且注視之後會停留比較久。這些證據都顯示，老人會透過多處理正向情緒相關的事物，來達到情緒控制的目的，讓自己的幸福感更高。

若順著這個脈絡來思考，應該會認為老人在識別正向情緒的能力上比年輕人好。然而研究發現並非如此，當使用情緒臉孔當作刺激材料的時候，老人對於情緒表情的識別能力，普遍比年輕人還要差。即便把認知能力的差異排除之後，還是會發現年輕人在情緒臉孔的識別上，能力是比較好的。當使用帶有情緒成分的語音刺激的時候，同樣也發現老人不論在正向情緒，還是負向情緒語音刺激的區辨上，能力都比年輕人來得差。此外，還有一個研究發現，在老人當中，女性在情緒識別上的表現，是比男性好的；在年輕人身上，同樣也是女性在情緒識別上的表現，會比起男性來得好。

大家若閱讀一些科學文獻、科普文章，常會看到一個說法，在排除什麼的影響之後，效果還是顯著。這到底是什麼意思呢？通常的做法是用統計的方式來排除，以文中提到的，在排除老人的認知能力差異之外為例子，研究者的做法就是會另外記錄老人的認知能力，然後在分析結果的時候，會考慮他們認知能力差異對於主要結果的影響程度，把這個部分排除，之後再看看主要結果是怎樣的一種狀況。

除了用統計方式來排除之外，有些研究者會透過受試者特性的配對來做排除，比方說，我們可以找認知能力一樣的老人和年輕人來做研究，若兩者還有什麼差異，就不可能是因為認知能力不同所造成的。

為什麼老人情緒識別能力會變差？

老人情緒識別能力會變差，有幾個可能的假設。第一、老人整體的能力較差；第二、情緒處理的腦區退化；第三、因為實驗的情境對老人來說較不利。

針對第一個假設，有部分支持的證據，也有部分不支持的證據。我先講支持的證據，有研究讓老人一次看很多張人臉，請他們判斷是否有哪些臉的表情和其他臉不同。結果發現，老人在這樣的任務上表現比年輕人差很多，他們認為這是因為任務的負擔過重，所以老人的表現不好。不支持的證據包含了前面提到的，有研究在排除認知能力的差異之後，依舊發現老人情緒識別的能力比年輕人差。

針對第二個假設，雖然研究上發現老人在處理情緒訊息的時候，和年輕人的大腦活動不盡相同，這不一定就能說老人情緒處理的腦區有退化的狀況。倘若只專注在和情緒處理高度相關的杏仁核（amygdala）在結構及活化程度上，老人跟年輕人是沒有差異的，也就是說，**證據不支持老人情緒處理的腦區有退化的狀況。**

雖然在某些情況下，老人情緒識別的能力和年輕人沒有差異，這並不代表老人情緒識別的機制和年輕人沒有差異。有一個腦電波的研究就發現，老人處理情緒識別的過程有一些缺陷（P100這個腦波訊號比較小）；然而，老人會透過補償機制（N170這個腦波訊號較年輕人強）來讓自己行為上的表現不受影響。磁振造影的研究也同樣發現，老人的情緒處理和年輕人是不同的：跟情緒處理高度相關的杏仁核在結構及活化程度上，老人跟年輕人並沒有差異；主要的差異是在其他腦部區域。

註：P100 & N170都是在腦波研究中常會用的指標，P的意思是訊號為正(positive)，N的意思則是訊號為負（negative），這都是跟參照電擊的電位比較而來的。後面的數字，則表示是在事件發生後的多少毫秒會出現這個指標，但所謂的100或是170只是一個概括的時間區段，不是一定要在100毫秒後出現的才是P100。

針對第三個假設，有研究確實發現，有一些實驗的情境對老人是不利的。比方說，在實驗室做實驗的方式，很容易讓老人有種事不關己的感覺，因而表現得比較差。所以，他們利用一些方式來讓老人覺得這件事情跟自己是比較有關係的，像是把刺激材料換成他們熟悉的人，或是強調研究投入的重要性。結果發現，當有這類型的介入，老人在情緒識別的能力上，就和年輕人沒有明顯差異了。

又比方說，在真實生活中，情緒的處理是有情境、有前後脈絡的。但是，在實驗室中，多數的研究都不會有這些資訊，也可能因此造成了老人處理上的困擾。有一個把情境也納入操弄的研究中，雖然也發現老人的情緒識別較差，但是他們發現，比起年輕人，老人更會傾向去參考這些情境的線索。

在實驗室的研究中，老人情緒識別是比年輕人差的。但是，這不一定能夠反映在眞實生活中的情緒識別。當然，在真實生活中的情緒識別，又會有別的挑戰，比方說老人若視力不佳，連臉龐都看不清楚了，怎麼可能從臉部表情來做情緒識別；同樣的，若有重聽的狀況，透過聲音來識別情緒的能力也會受到影響。所以綜合來說，老人情緒識別的能力是比年輕人差的，但這可能不一定真的是能力不夠好，而是受到其他因素的影響所致。

該如何降低情緒識別的錯誤？

雖然老人情緒識別能力本身不一定真的變差了，但不論在實驗室或是在生活中，都有可能有較差的情緒識別表現。倘若是在實驗室的環境，可以利用老人熟悉的素材，來檢驗他們情緒識別的能力。

在生活中，則需要周遭的人們**盡量直接清楚的表達**，像是可以用誇張的表情、比較大的聲量，來確保老人有接受到你所要傳達的情緒訊息。此外，其他人也可以**透過和老人確認、核對的做法**，來確保他們沒有誤解。

老人本身則可以提醒自己，**要更仔細的去處理周遭的訊息，特別是情緒類的訊息**。如果初步判定有情緒性訊息，也可以再三確認，以確保自己沒有誤解。另外，情緒識別也是可以訓練的，老人若有意願，可以進行這樣的訓練，來提升自己情緒識別的能力。

另外，還有一個重要的因素會影響老人情緒的識別，就是**對情境脈絡的掌握**。因為情緒很容易受到情境脈絡的影響，而不同世代的人們，對脈絡的詮釋會不同，因而也很容易對當下的情緒有不同的解讀。比方說，年輕人尷尬又不失禮的笑容，可能會被老人認為他們是心虛，所以不敢大笑。面對這種不同詮釋的困境，只能提醒自己，要抱持著比較包容的態度，並且多留意別人的狀態，就能更精準的推測，對方原來想要表達的是怎樣的情緒。

老人的情緒識別能力究竟如何？

第一問：老人的情緒識別能力比較差嗎？

答：在一般實驗室的情境，老人的情緒識別被認為是比較差的。有些研究甚至發現，老人對於負向情緒的識別，例如憤怒、悲傷是更不好的。

第二問：老人為什麼情緒識別能力會比較差？

答：這個問題目前還沒有太好的答案，但造成差異的原因很有可能並不是在情緒識別的過程上，而是一些其他的因素，例如整體訊息處理速度的能力下降等。

第三問：該怎麼確保跟老人情緒溝通順暢不打結？

答：盡量用清楚明確的方式來交流，在有可能被誤解的情境，可以額外做核對，確保他們沒有誤解了你想表達的情緒。

2

老人情緒調節能力比較好？

在前一個章節提到了，老人情緒辨別的能力，其實沒有比年輕人好，跟我們的刻板印象不一致。那，如果是聚焦在情緒調節的能力上，老人情緒調節的能力是否比年輕人好呢？前一個章節提到的社會情緒選擇理論，認為老人會比較傾向關注正向情緒的人事物，因此比情緒調節的需求較少。但是，有較少的需求，不意味著老人情緒調節的能力就必然比較好。

老人情緒調節的能力比年輕人好嗎？

雖然有研究發現，老人情緒調節的能力比較好，但是，後設分析的研究發現，較少研究觀察到老人情緒調節能力是比較好的。之所以沒有看到老人和年輕人在情緒調節能力上的差異，有一個說法認為，成年人的情緒調節能力相對穩定，所以不會因為步入老年，就會有所改變。

但是，有研究發現，認知能力的變化，會對於情緒調節產生影響。他們讓年紀較輕的老人（平均年齡六十六歲）以及年紀較大的老人（平均年齡八十六歲），看負向情緒誘發的影片，並且記錄看影片時的一些反應。結果發現，雖然多數的指標像是皮膚變化這樣的生理指標上沒有差異，但是年輕的老人更能夠調節主觀的負向情緒感受。

事實上，也有別的研究者認為，老人因為認知資源變少，以致會影響他們情緒調節策略的使用。這又可以分為好幾個不同面向：

1. **避免把注意力放在引發負面情緒的人事物上**，減少自己受到負面情緒的影響，就是節省資源的作法。

2. **會偏好在情緒產生的前期就去做調節**，因為研究上認為前期就去做情緒調節也是比較節省認知資源的。

3. 情緒調解的腦神經機制缺乏分化，這通常也是認知能力退化時，會觀察到的現象。**即使行為層面是用不同的情緒調節策略，但大腦運作的機制是相同的**。比方說，有個研究就發現老人在使用分心以及重新評估這兩個策略時，後內側皮質（posterior medial cortex, PMC）都有最多的活動，而這個腦部區域的活動被認為是跟關注自我有關，也就意味著老人在用這兩個情緒調節策略時，都是**以關注自我為出發點**。相形之下，年輕人在用這兩種不同的情緒調節策略時，大腦的活動是有明顯差異的。

科普小教室

情緒調節相關的理論很多，又以詹姆斯・葛洛斯（James Gross）的情緒調節理論為最主要的一個。根據葛洛斯的情緒調節理論，情緒調節可以在不同的階段發生，從最早期的①**情境選擇**：倘若知道一個情境會讓自己有情緒，可以透過逃避來做情緒調節；②**情境調節**：倘若已經進入那個情境，還是可以透過改變情境的方式，像是從獨自面對改變為找人一起面對來做情緒調節；③**注意力投入**：倘若你錯過改變情境的機會，可以透過把注意力轉移到其他事物上，來達到情緒調節的目的；④**認知改變**：當情緒已經發生了，你可以透過重新評估的方式，來改變自己對這件事情的看法；⑤**反應調節**：情緒已經發生之後，可以透過減少情緒的展現，像是明明很生氣，但壓抑自己不要怒罵他人，來調節自己的情緒。

雖然老人和年輕人會傾向使用不同的情緒調節策略，但不一定就表示誰的情緒調節能力比較好。事實上，研究結果也發現，很難比較情緒調節策略的有效性，因為針對不同的情境，都會有最適配的情緒調節方法。

現在比較確定的是，好的情緒調節方式，像是分心、重新評估等，比起不好的情緒調節方式是更有效的。所謂不好的情緒調節方式，包含了反芻（rumination）、壓抑（suppression）等。若針對老人的性別去做比較，又會發現**女性相較於男性會使用更多好的情緒調節策略**。此外，在女性當中，**更常使用好的情緒調節方式的人，有憂鬱、焦慮的傾向比例越低**，顯示好的情緒調節策略對女性來說是有實質好處的。

不要被誤導了

情緒調節的研究，大致上會分為兩類。一類是在實驗室中誘發情緒，然後觀察參與者的情緒調節反應；另一類則是透過經驗取樣或是問卷的方式，來探討不同參與者情緒調節策略的使用偏好。這兩種方法各有優缺點，實驗室研究的優點，是可以把情緒刺激標準化，並且可以用一些客觀指標來輔助觀察。但是，實驗室中較難引發強烈的情緒，不同的人對於同樣的刺激，可能會引發不同的情緒反應，很自然會想要使用不同的情緒調節方法。經驗取樣、問卷的優點，就是這些是參與者生活中真實經歷的事情，但因為完全仰賴參與者的主觀回報，可能會因此產生偏誤。在比較不同研究成果的時候，大家要先了解這研究是用哪一種方法，有時候不同的方法，就會導致不同的結論，而不是因為情緒調節策略真的有差異所導致的。

不同社會文化的影響

現階段，多數跟老人有關係的情緒調節研究，都是在歐美社會進行的。曾經有香港的研究團隊，想要複製老人有正向情緒的事物處理偏好的結果，但反而觀察到相反的現象：**華人社會的老人，反而比較傾向去關注負向情緒的事物。**他們認為這不盡然表現華人的老人和西方社會的老人是不同的，只是在華人社會中，要達到情緒平衡的方式，不是要去關注正向情緒的事物，而是要留意周遭是否有負向情緒的事物，會破壞社會平衡的狀態。他們後來還發現，**華人當中也是有個體差異的**，如果老人越關注自我，他們的反應就會跟西方老人的比較接近；反之，若他們越關注自己與群體之間的關係，那麼結果就會和西方老人的相反。

所以，一些在西方社會被認為是不好的情緒調節策略，在華人文化中，不一定是不好的。像壓抑情緒這樣的作法，或許能夠降低人與人之間的衝突，對華人老人來說反而有益。不過，現階段相關的研究還太少，有待未來研究做釐清。

該怎麼提升情緒調節的能力？

過去，我們的情緒教育幾乎是不存在的，也因此，很多老人都是靠自己的經驗來做情緒調節。倘若是生活經驗比較匱乏的人，那麼可能會長期使用不好的情緒調節策略。但若是要讓他們刻意去學習不同的情緒調節策略，也不是很容易。最理想的做法，是透過戲劇，或是老人喜歡的名人做引導，讓他們知道，其實面對情緒可以有很多其他的作法。

董氏基金會就提出了情緒BMI的作法，用來引導老人做情緒調節。這當中的B指的是Be Friend，有好的人際關係、廣結善緣；M指的是Mindfulness，透過正念的方式來避免壞情緒上身；I指的是Identity，就是鼓勵老人要找到自己老年的生命意義，並且認同這個價值。雖然這些做法和前面提到的情緒調節方式不盡相同，但情緒BMI是透過打好基礎的方式，讓老人更有能力去面對各種情緒的狀況，也蠻值得嘗試的。

老人的情緒調節能力比較好嗎？

第一問：變老會對情緒調節產生影響嗎？

答：答案是肯定的，而且不少改變都跟**節省認知資源**有關聯性。

第二問：情緒調節策略改變，到底是好還是不好？

答：現階段的證據，基本上沒有辦法說老人情緒調節策略的改變，對他們來說到底是好或是不好。只能說，有些策略對於特定情境，可能比較有效，有些可能又比較無效。

第三問：老人該如何提升情緒調節的能力？

答：情緒調節能力是需要學習的，只是過去不太受到重視，所以老一輩不會特別學習一些策略，都是自己領悟出來的。然而，要刻意教情緒調節也有點怪，所以最好能夠將這些策略融入生活中，會更容易達到效果。

3 老人比較憂鬱嗎？

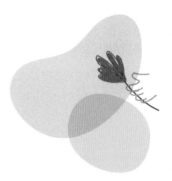

相信多數的朋友都曾看過微笑曲線的圖，就是當我們把快樂程度當作Y軸、年齡當作X軸的時候，兩者的關係會像微笑一樣。也就是說，一個人的快樂程度，會隨著年紀呈現微笑的樣子，從二十歲到四十多歲時，會因為年齡增加而變得比較不快樂。然而，在四十多歲之後，隨著年齡增加，反而會變得比較快樂。可是，我們一聯想到老人的時候，又很容易覺得老人是比較憂鬱的：因為身心退化，加上親友離世，都讓人快樂不起來。

到底老人究竟是比較憂鬱，還是比較快樂的一個族群呢？世界數據（World

Data）在二〇一九年的彙整，五十五～六十九這個年齡區段憂鬱盛行率確實比較高。但是，其實和中年人的差異也沒有太大，而且七十歲以上的老人憂鬱症盛行率也稍微下降。所以，人是否會因為年齡增加而變得更憂鬱，現階段的資料並沒有辦法回答這個問題。不過，值得一提的是，老人的健康狀況，會大大影響他們是否有憂鬱的傾向。比方說，美國疾病管制局的資料顯示，需要被照顧或是住在機構的老人，比起相對健康的老人，憂鬱的比例都至少高了兩倍。

不要被誤導了

有一些後設分析的論文中，關於老人憂鬱症盛行率的數據，高的有點嚇人：都超過三成。但值得一提的是，發展中的國家，老人憂鬱的盛行率，比起已開發國家高很多。

最理想的憂鬱症盛行率調查，是普查所有人是否有憂鬱的狀況。但是，這樣的做法非常耗費資源，所以很多時候，所謂的盛行率調查，都是透過部分取樣的方式來估算的。比方說，只找10%的人，調查某種疾病在這群人當中的盛行率，然後當作是母群的盛行率。更細緻的研究，會依據母群中某些因素的特性進行等比例取樣，讓取樣出來的樣本，更能夠反映母群。以臺灣的流行病學研究來說，很多時候會依據每個縣市的人口比例，來決定每個縣市的取樣個數。若取樣的樣本數比較小的時候，估算的盛行率，很容易會有失真的狀況。

在後設分析研究中，因為每個研究的目的都不同，取樣大小也不一，平均每個研究的盛行率而估算出來的盛行率，其實不太能反映特定母群的狀況。

哪些原因讓老人憂鬱？

在一些後設分析的研究中，彙整了一長串和老人憂鬱有關的原因，當中比較多研究有提及的，包括了性別（女性罹患憂鬱的比例較高，在所有年齡層都如此）、生理疾病、生活自主性。也有一些讓人意外的因素，例如和家人同住也被認為跟老人憂鬱有關（有研究發現，和家人同住的老人憂鬱的可能性比較高）。

雖然研究發現很多因素都和老人憂鬱有關聯性，但是我想提醒大家兩件事情：

一、這類的研究，通常都是用問卷在同一個時間點，詢問很多問題，然後去檢驗老人回答的結果之間，是否有一些關聯性存在。然而，**就算我們發現有個因素和老人憂鬱之間有關聯性，也不能因此就說那個因素是導致老人憂鬱的原因**，有可能是因為老人憂鬱了，所以才會有那樣的狀態。比方說，研究可能發現獨居和老人憂鬱有高度的正相關；當我們在解讀的時候，很容易傾向認為獨居是導致老人憂鬱的原因，但其實也有可能是因為他憂鬱了，不想要跟其他人相處，所以才會選擇獨居。

二、**有可能是間接關聯，而不是直接關聯。**舉個例子來說，研究上可能發現經濟狀況欠佳，憂鬱的狀況會比較嚴重，但是，經濟狀況不佳可能只是個間接原因，有可能因為經濟狀況欠佳，以至於身體有病痛會捨不得去看病，因為沒有去看病，身體病痛的狀況更加劇，而這樣的結果導致了憂鬱徵狀變得更嚴重。還有一種可能，就是因為身體不好，所以不能正常工作，以至於經濟狀況欠佳，導致憂鬱症狀加劇。雖然看起來是經濟狀況不佳，因而有憂鬱的狀況，但追根究柢的原因是身體不好。

可能性㈠：經濟狀況欠佳 ⬇ 憂鬱徵狀加劇

可能性㈡：經濟狀況欠佳 ⬇ 無法正常看病 ⬇ 憂鬱徵狀加劇

可能性㈢：身體不好 ⬇ 經濟狀況欠佳 ⬇ 憂鬱徵狀加劇

基於這兩個原因，我建議大家不要危言聳聽，看到新聞提到什麼和老人憂鬱有關，然後自己很像符合那個條件，就擔心自己有憂鬱的可能。

比較具代表性的憂鬱風險因子

姑且不管老人是否有比較高的憂鬱症盛行率，但有幾個被證實會造成憂鬱的因子，老人剛好都比較容易符合。

第一、生理上的病痛：人的身心是合一的，所以**生理上的不適，也容易讓人的心理產生不適的狀況。**研究上又發現像糖尿病、心血管疾病，和憂鬱之間有關聯性。

第二、睡眠困擾：老人的睡眠時間較短，且品質較差，**當沒有辦法透過睡眠好好休息，就會讓身心狀態進入不健康的處境，**提高憂鬱的風險。

第三、孤單：雖然老人不必然就是比較孤單的，但因為退休、親朋好友離世等生活中的變化，都讓**老人比較容易出現社交隔離的狀況。**

第四、生活無法自理：生活失去控制感，是憂鬱的高風險因子，而老人容易因為病痛、退化，以至於生活無法自理，喪失對生活的控制桿。

還有一個因子壓力，在其他年齡層中，是憂鬱的高風險因子。不過，**在老人身上，壓力的影響反而比較少，**除非有經濟匱乏，或是需要照顧他人，才會有比較大的壓力。

留意這些你沒想過的因子

前面提到的憂鬱風險因子，是大家比較容易想到的。但除了那些因子之外，還有一些因子，對老人來說也是憂鬱的風險因子。第一個就是**聽力受損**，其實人的聽力隨著年紀，本來就會發生變化，只是有些人退化的狀況比較嚴重。然而在多數的健康檢查中，並不會特別去做聽力篩檢，所以有不少老人聽力其實退化了，自己卻沒有發現。意識到自己可能聽力受損的時候，通常狀況都比較嚴重了。聽力之所以會和憂鬱有關聯，主因是因為**聽力和人際溝通有高度關聯**，如果有人因為聽力受損，降低了跟其他人的互動，就會因為缺乏人際互動，而提升了憂鬱的風險。

認知功能退化也是老人憂鬱的風險因子之一，其實有不少看起來有失智症狀的老人，只是憂鬱了，而不是真的失智了。在研究上，**老人失智和憂鬱併發的情況還蠻常見的**，到底是先憂鬱了才失智，還是先失智了才憂鬱，目前還沒有定論。但若一個人因為失智了，沒有辦法順利和別人社交，確實也容易有憂鬱的傾向。此外，不少失智的老人有睡眠困擾，這也是憂鬱的高風險成因。

前面我有提到生理上的病痛也是一個憂鬱的高風險因子，在諸多疾病當中，有一個我想要特別提出來談，就是**帕金森氏症**。研究上發現帕金森氏症的患者，有一半的人會併發憂鬱症，因為兩者都跟神經傳導物質分泌異常有關係，且也是一種大腦皮層、大腦皮層下組織退化的展現。不過值得一提的是，若老人是因為帕金森氏症而併發的憂鬱症，通常憂鬱的狀況比較輕微。

老了，該怎麼避免憂鬱上身？

綜合造成憂鬱的風險因子，我會給大家三個建議：

第一、健康的生活型態，這包含了吃好、睡好還有運動，若可以有健康的生活型態，就能大大降低憂鬱的風險。

第二、有好的社交支持，你不一定要有很多親朋好友，但你要覺得自己是被支持的，不要覺得自己是孤單的。

第三、提升自主性，這和身體健康脫不了關係，但即便你需要被別人照顧生活起居了，若你有一些方式可以持續維持某些自主性（就像霍金雖然長年無法行動自主，但他的思考是很自主的），也能降低憂鬱的風險。

老人比較憂鬱嗎？

第一問：**我該怎麼知道自己憂鬱了？**

答：若會有這樣的懷疑，通常應該還沒有真的憂鬱。真正憂鬱的人，往往不自知，而是別人覺察到的。你若不放心，可以定期做簡易憂鬱篩檢，可參考董氏基金會網站上的工具。

第二問：**有高風險因子，就一定會憂鬱？**

答：既然是風險因子，就代表那**是機率的問題**。所以如果你發現自己有一些憂鬱的高風險因子，可以特別提醒自己在生活中要多留意，也能夠避免憂鬱上身。

第三問：如果真的憂鬱了，該怎麼辦？

答：即便被診斷有憂鬱症，都不是世界末日，**畢竟憂鬱是一個連續性的向度，被診斷為有憂鬱症只代表你符合比較多的特徵。**不要害怕尋求專業協助，現在有很多藥物、非藥物的治療方式，只要你願意，絕對可以找到適合自己的治療方式。

4

孤單對老人真的有很大的影響嗎？

近年來隨著人口高齡化，以及獨居人口的增加，孤單是一個日益受到重視的問題。雖然不是只有老人會有孤單的狀況，但不少關注孤單的社福團體，都把焦點放在孤單老人上。

老人真的比較孤單嗎？

大家直覺可能會認為老人是比較孤單的，全世界的一些調查，確實也顯示老人孤單的比例很高，在一些國家甚至有超過一半的老人認為自己是孤單的。但是，若依據年齡層去比較，其實老人並沒有比其他年齡層孤單。

另外，雖然在臺灣獨居老人的總數在十年中翻倍了，可是孤單的老人在比例上不一定有增加。只是因為老人的總數增加了，而且並非所有獨居老人都會覺得自己孤單。

雖然從比例上，比較孤單的老人可能沒有增加，但因為老人總數增加了，老人孤單是需要慎重面對的課題。也因此，世界衛生組織在二〇二一年就針對老年社交隔離和孤單提出呼籲，更把改善全年齡的社交隔離和孤單作為二〇二四～二〇二六年最重要的健康議題。

科普小教室

孤單和社交隔離（social isolation）是研究上常會關注的議題，但是孤單的人，不一定就是社交隔離的人；社交隔離的人也不一定就孤單。另外，獨居的老人，不一定就是社交隔離；有跟別人一起住的，也不一定就沒有社交隔離。因此，當我們在理解研究結果的時候，要區分一下這個研究探討的究竟是什麼對老人的影響，才不會做出錯誤的推論。

孤單對老人有什麼影響？

孤單對老人的影響可以分為好幾個面向，從最相關的心理面向來說，**孤單會降低心理面的生活滿意度，但會提升憂鬱的傾向。**有個追蹤研究進一步發現，不論是孤單或是社交隔離，都能有效預測老人六個月後的憂鬱指數。另外，**孤單對於認知功能也有不好的影響**，孤單的老人，認知表現比較差。然而，孤單是否會提高罹患失智症的風險，證據就不是那麼明確，有部分研究認為會提高，也有研究認為兩者之間沒有關聯性。

除了對心理面向的影響之外，不少研究發現，**孤單對老人的生理也有明顯影響**。有研究發現孤單的老人，血壓會比較高、較容易有睡眠困擾以及免疫力比較差。從實際就醫的紀錄上也會看到，孤單的老人就醫的頻率比較高。在排除本身的健康狀況後，孤單的女性，就醫的頻率依舊是比較高的，顯示孤單會讓老人身體比較容易有狀況。從死亡率上來看，也會發現孤單的負面影響，就有研究發現，孤單對老人死亡率的影響，相當於抽菸造成的影響。

不要被誤導了

我想不少人都聽過一個說法：「孤單對人的影響，相當於一天抽十五根菸。」我自己也在演講中跟大家分享過這個論點，因為當時是在Age UK的網站上看到的資訊，就跟大家分享了。可是，要找確切出處的時候，卻發現有點混亂，有些報導說是世界衛生組織說的、也有報導說是美國老年研究院說的。在AARP的網站上，提及是在〈Loneliness and Social Isolation as Risk Factors for Mortality: A Meta-Analytic Review〉中有說到孤單對人的影響，相當於一天抽十五根菸。可是，在這篇文章當中，用 cigarette 去做搜尋，找不到出現的紀錄；用 smoking 去做搜尋，可以找到幾個段落提及孤單的人可能比較會抽菸。

最接近的大概是有報導提到這是在《公共科學圖書館：醫學》（*PLOS Medicine*）期刊上的研究成果，因為報導也沒有提到確切的研究，在搜尋後推測應該是名為〈Social Relationships and Mortality Risk: A Meta-analytic Review〉的文章。這篇文章在結論中提到，不孤單的人，存活率比孤單的人多，而這個相當於戒菸的效果。

雖然找不到原始出處，不代表孤單對老人就沒有影響。但是，這突顯了一個很大的問題，就是遇到這樣看似合理且有衝擊性的訊息時，我們很容易會盲目地相信。

該怎麼降低孤單對老人的影響？

要回答這個問題，我們可以逆向思考：哪些因素會讓老人孤單。一個研究發現，心理困擾的程度，是預測老人孤單的重要因素。影響心理困擾的又有幾個因素：

一、**社交支持改變**，比方說喪偶，或是退休，都會影響老人的社交支持。雖然這兩件事情，都不一定可以改變，但是可以透過增加不同的社交支持，來降低喪偶或是社交圈改變對老人的影響。在英國，慈善團體Age UK，就曾經用一個donate some words的企劃，鼓勵大家跟周遭獨居的老人互動。他們和巧克力業者Cadbury合作，把包裝上的字都移除，來讓大家意識到「文字」的重要性。所以，若每個人都能夠對周遭的老人有多一點的互動，也能降低老人孤單的感受。

二、**因為身心狀態改變，降低社交互動**。不管是生理上的退化，或是認知能力上的退化，都會影響老人的社交互動，進而造成他們會有孤單的感受。關於這部分，**自己的心態很重要**，不要因為自己身體差，不希望別人發現，就不跟別人互動；當然親朋好友的配合也是關鍵，若親朋好友願意包容、支持，那麼老人也有機會不退縮，降低孤單發生的可能性。

提升自我效能也是降低孤單的有效做法。在二〇二三年，國家兩廳院藝術推廣組，針對孤單老人推出了社會處方箋的方案，透過幫老人賦能，來改善他們的心理狀態。在這些介入方案中，包含了自我覺察、練習自我表達以及人際互動，透過五次的課程，確實對老人帶來顯著的改變。

除此之外，**善用人工智慧對降低老人孤單也是有潛力的**。已經有研究證實，老人和語音助理互動，能夠降低孤單的感受。在人工智慧快速發展的此時，讓老人和具備人工智慧的語音助理或是虛擬人像互動，是很有潛力可以用來降低老人孤單的感受。

孤單與老人

第一問：老人比較孤單嗎？

答：從一些數據上看，老人不一定比較孤單。但是因為高齡人口增加，孤單老人的總數也跟著增加，因此老人孤單是一個需要重視的課題。

第二問：孤單對老人有哪些影響？

答：孤單的影響是蠻全面的，不僅對心理有影響，對生理狀態也有影響。雖然孤單的影響，不一定跟每天抽十五根菸一樣，但孤單確實對死亡率也有影響。

第三問：該怎麼降低老人孤單的狀態？

答：好的社交支持、維持社交互動是很重要的。若要更積極，可以提升老人的自我效能，以及善用人工智慧的輔助。

5

老人容易擔心？

如果你身邊有老人，應該有過這樣的經驗：為了要帶他們出去旅行，可能好不容易說服他們了，結果要出發前，他們可能會睡不著，反覆詢問各種相關事宜，像是上廁所方不方便，吃東西會不會咬不動等等。對於他們比較熟悉的事情，像是要祭祖，他們可能也會有各種大小的擔心，像是祭品是否準備不夠，是不是大家都會準時參加等等。

老人比較愛擔心，所以比較焦慮？

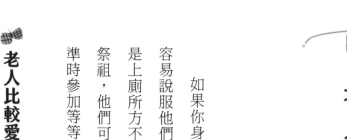

老人焦慮症的盛行率範圍很廣，在社區的調查結果範圍在1.2～15％都有，若只是有一些焦慮徵狀，則最高有超過50％的老人有焦慮徵狀。美國疾管署的數據，顯示有7.6％的老人在一生中有罹患過焦慮症，但若年齡層為五十～六十四歲的，則有12.7％；其中女性有焦慮症的比例，都比男性高。根據二〇二一年臺灣高齡健康與長照服務年報的資料，在二〇一〇～二〇一九年間，老人焦慮症的粗估率為6.4～6.7％，這個數據和美國的接近。這份年報中的粗估率，是依據老人若有一次因為焦慮而住院，或是因為焦慮有三次門診的就診紀錄來計算的。而在所有焦慮類型中，廣泛性焦慮症（general anxiety disorder）在老人身上最常見，但依據不同的調查，盛行率範圍有點廣。

不要被誤導了

有焦慮症的老人，通常也有其他生理和心理上的不適，所以要診斷老人是否有焦慮症，難度相當高。因為要確保這個焦慮的徵狀，是因為老人有焦慮而造成的，還是背後其實有其他成因。另外，老人對於問題的理解程度，也會影響他們的回答，特別是若有些老人已經有認知退化的狀況，就更難精準回答。所以，可能要一些別的指標，來協助做焦慮症的診斷。因此，在解決老人焦慮盛行率的時候，必須要非常小心的解讀，不要單純就盛行率的百分比來做比較。

雖然導致焦慮的其中一個原因，就是一個人過度擔心很多事情，但盛行率的調查顯示，被診斷有焦慮的老人比年輕人少。這有兩個可能的原因：一、老人比較不願意就診，所以盛行率被低估了；二、老人雖然比較容易擔心，但是他們擔心的徵狀，可能不符合焦慮症的診斷標準。

但也有可能，老人真的比較不焦慮。有一個研究透過回想以及誘發的方式，來讓老人及年輕人感到擔心。結果發現，這些誘發的方式，在老人身上都比較無效，也就是說，老人是比較不容易擔心的。另外，也有研究者推測老人因為能夠很自動化的處理負向情緒的刺激，因而比較不會受這些刺激的影響。他們利用功能性磁振造影儀，記錄老人在執行臉部配對作業時的表現。結果發現，相較於年輕人，當這些臉的圖片帶有負向情緒的時候，老人的反應時間比較快速，而且背側及嘴側的前扣帶皮層（dorsal & rostral anterior cingulate cortex）與預設網路之間的活動較同步（自動化處理的指標）。

科普小教室

雖然一些證據都顯示，我們比較難誘發老人進入焦慮、擔心的情境。但是，有個研究發現，倘若造成生理上的焦慮，像是罹患疾病等，則老人和年輕人因而感到焦慮的狀況是沒有差異的。

此外，人們對於不同的事物，可能會有不同程度的焦慮感受。因此，若要在實驗室中，透過誘發的方式讓人進入焦慮的狀態，進而了解焦慮對人的影響，必

須要考慮個體的差異，並且要確認實驗參與者真的有進入焦慮的狀態，否則我們會錯誤解讀焦慮對人有怎麼樣的影響。

老人焦慮會有哪些影響？

如同很多的精神疾病，**焦慮對於老人的生理及心理都會造成影響**。比方說，**有焦慮症的男性，死亡率比起沒有焦慮症的男性多了87%；不過，焦慮症對女性的死亡率並沒有影響**。焦慮之所以會對男性的生存造成威脅，有兩個可能原因，一個是焦慮影響了自主神經系統的平衡，像是會影響血小板的功能。第二個原因，則是因為焦慮會驅動我們的壓力應對機制，對於免疫系統以及皮質醇（cortisol）的運作都有不好的影響，而這些也會進而影響睡眠的品質。雖然這兩個現象在女性身上也會有，但是女性可能有其他的保護機制，因而抵銷了焦慮對於這些生理指標的負面影響。

也有一些神經生理上的證據，**支持焦慮會加速老化的過程**。比方說，有焦慮症的老人，大腦灰質密度會下降、白質會有病變的狀況、大腦區域間的互動會受到影響。在分子層次也看到了焦慮症的影響，像是粒線體的長度比較短（老化的指標）、澱粉蛋白的累積等。雖然比較有焦慮症和沒有焦慮症的老人的大腦，會觀察到這些差異，但是這頂多只能說這些大腦的變化和焦慮有關，而不能確定孰為因、孰為果。有可能是因為大腦退化了，才產生了焦慮症；而不是因為有焦慮症，才出現這些大腦退化的現象。

焦慮對老人心理層面的影響，首當其衝就是**造成情緒困擾**，老人會很容易擔心、恐慌，甚至有易怒的狀況。另外，焦慮**對於注意力、決策判斷以及記憶力都有不好的影響**。老人的**生活滿意度，也會受到焦慮的影響**：焦慮的老人在整體的生活滿意度上，以及除了健康之外的生活滿意度指標上，滿意度都比較低。

如何面對老人焦慮的狀況？

一、**認知行為治療**：在臨床上，認知行為治療法，是很常被用來治療焦慮徵狀的做法。比方說，治療師會引導焦慮的個案，換一個方式來思考，進而達到焦慮的目的。雖然有研究發現，認知行為治療法對老人是有幫助的，但是這個幫助的效果量是小的，也就是說，**認知行為治療在老人身上的影響並不穩定。**

二、**提升自我效能**：其實焦慮的根本是對於事情的掌控能力不足，因而會有焦慮的感受。因此如果能夠提升老人的自我效能，讓他們覺得自己比較有掌控的能力，也能降低焦慮的情形。如果是針對老人生活中常需要進行的行為，也可以透過把流程固定化，並且引導他們反覆演練，會讓他們對於要去做特定的行為更有信心。

三、**正念冥想**：正念冥想被證實可以改善很多人的身心狀況，而焦慮也是其中一種。有接受正念冥想訓練的老人，相較於對照組，焦慮程度明顯下降。

四、**轉念**：老人也可以練習放下，對於自己沒有能力掌控的事情，就用一個比較隨緣的方式來面對，那麼即便自我效能沒有提升，也會因為自己的態度改變了，而不會感到那麼焦慮。或是你可以降低自己的期待，可能就比較不會患得患失，也可以有效降低焦慮的感受。

老人與焦慮

第一問：老人比較焦慮嗎？

答：從一些數據上顯示，被診斷有焦慮症的老人，其實比年輕人少，而且年紀越大，越少有焦慮症。

第二問：焦慮對老人有怎樣的影響？

答：焦慮會加速老化，此外對心理的運作也有很多負面影響。

第三問：老人該如何面對焦慮？

答：有積極的做法，像是提升自我效能、認知行為治療；也有比較消極的做法，像是透過轉念的方式來降低焦慮。

6

老人的情緒比較穩定嗎？

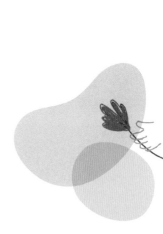

在新聞中，我們時不時會看到有老人暴怒的新聞；然而，我們又會說老人心如止水，不太會有情緒的波動。到底哪一個狀態，才更加能如實反應老人的現狀呢？

老人的情緒比較穩定嗎？

要知道人們情緒是否穩定，最好的做法，就是記錄人們的情緒波動一段時間。目前比較常用到的做法，就是利用經驗取樣法。有個研究請年輕和年老的參與者記錄每天的壓力來源，以及自己所感受到的負面情緒。在一百天的實驗期間，整體而言，老人感受的壓力源是比較小的，且壓力源的同質性比較高。在所感受負面情緒的結果上，老人負向情緒的變異程度比較低，情緒的反應也比較小。在後續的分析中進一步發現，老人之所以情緒的變異程度比較低，是因為他們生活中的壓力源同質性高，也就是說，是因為生活情境不同所導致的結果。

科普小教室

在這個篇章我們討論的是情緒的穩定程度，是一個人所感受到的情緒，是否有很大的波動。另外有一個叫情緒穩定度的人格特質，這個人格特質，和神經質是相反的，指的是情緒相對是穩定的，即便在面對挑戰和威脅時，也不會有太大的波動。前者常用經驗取驗法來做評估標準，後者則常用一些量表來做評估標準。

其實不只是負向情緒的變異性較小，有記錄正向及負向情緒的研究也發現，老人在這兩類情緒上的變異程度都是比較小的，而且老人年紀越大，變異程度越小。這樣的結果反映了人們**隨著年紀增長，情緒調節的能力會越來越好**。不過，情緒的變異程度小，不等同於所感受到的情緒強度比較弱。一個人若總是感受到強的正向情緒，那麼他情緒的變異程度也是比較小的。事實上，研究的結果就發現，**老人所感受到的正向情緒是比較強的，負向情緒是比較弱的。**

也有一些研究發現，整體而言，老人的情緒反應是比較小的，且這個現象不能完全用生活比較單純、不那麼多元來解釋。到底為什麼老人的情緒反應會比較小呢？一個可能的原因跟島腦（insula）的運作有關係，研究發現島腦灰質的體積，會隨著年紀下降，此外，他們發現在靜息態（resting state），左前的島腦和右側海馬迴之間的連結，以及右前島腦與橋腦及視丘之間的連結，會調節年齡與正向情緒的反映。用白話來說，就是**老人之所以對於情緒比較沒有反應，是因為大腦的體積及運作方式改變所導致的**。至於為什麼大腦要有這樣的改變，目前只能推測是，減少情緒反應，是為了節省資源，提升存活的機會。

不要被誤導了

有些研究者認為，老人之所以會有比較好的情緒調節能力，是因為他們的情緒表徵比較複雜。然而，有研究者利用集群同時分量分析（clusterwise simultaneous component analysis）分析老人及年輕人情緒經驗取樣的結果，有不一樣的發現。他們發現有最高比例的老人（55%），情緒的複雜度是較低的，只有正向情緒的成分。且當他們控制情緒變異程度的時候，發現年齡就不會影響情緒的複雜度。而已經有很多研究都發現老人的情緒變異程度是比較低的，也就意味著他們的情緒複雜度也較低。附帶一提一個有趣的結果，研究發現，不論年齡，若人的情緒複雜度較低，他們的幸福感程度是比較高的。

註：集群同時分量分析是一種統計方法，用於分析多個數據集（或數據塊）之間的關係，同時考慮到這些數據集內部可能存在的不同群組或結構。這個

方法結合主要的用意是，檢驗不同的因素之間是否有潛在的模式和關係。

情緒穩定對老人有什麼好處？

情緒穩定對每個人都有好處，但對老年人來說，在面對老化所帶來的獨特挑戰時，情緒穩定尤其重要。以下是情緒穩定對老年人的主要好處：

一、**改善心理健康**：①**減少壓力和焦慮**：情緒穩定能讓老年人更好地管理壓力和焦慮，對心理健康和整體健康有顯著影響。它能幫助他們應對生活中的起伏，降低罹患憂鬱症等情緒障礙的風險。②**增強韌性**：情緒穩定的人在面對逆境時更有韌性。他們能更容易地從挫折、失落或困境中恢復過來，這對可能面臨健康問題、親人離世或生活環境變化的老年人尤其重要。

二、**改善身體健康**：①**降低慢性病風險**：長期壓力和負面情緒與心臟病、高血壓和免疫功能下降等各種健康問題有關。情緒穩定有助於減輕這些風險，促進更好的身體健康和長壽。②**改善疼痛管理**：研究顯示，情緒穩定的人往往經歷較少的疼痛，也能更有效地管理慢性疼痛，這可能對老年人來說尤其重要。

三、**更牢固的人際關係**：①**增進社交聯繫**：情緒穩定的人通常更容易相處，使他們更容易維持和培養社交聯繫。這對老年人來說至關重要，因為強大的社會支持網絡與更好的身心健康結果相關。②**改善衝突解決**：情緒穩定使人們能夠冷靜理性地處理衝突，從而達成更具建設性的解決方案。這對維持與家人和朋友的健康關係特別有益。

四、**提高生活滿意度**：①**更大的幸福感和滿足感**：情緒穩定能培養積極的人生觀，帶來更大的幸福感和滿足感。情緒穩定的老年人會更珍惜當下，關注生活中積極的一面，並體驗到成就感。②**增強決策能力**：情緒穩定幫助老年人根據邏輯和理性做出合理的決定，而不是被衝動的情緒所左右。這在財務規劃、醫療保健選擇和個人事務等方面都至關重要。

五、**其他好處**：①**改善睡眠**：情緒穩定有助於改善睡眠質量，這對整體健康至關重要。②**提高自尊**：感覺能夠控制自己的情緒可以增強自尊和自信，使老年人能夠過上充實的生活。

該如何提升情緒穩定度？

第一個做法有點理所當然，就是**提升自己情緒調節的能力**。當情緒的調節能力是比較好的時候，情緒自然就比較穩定。除了學習不同的情緒調節策略之外，**改變神經傳導物質**，也是一個可能的做法。有一個研究比較了打入30mg的皮質醇或是安慰劑對於情緒調節的影響，結果發現皮質醇能夠提升情緒調節的能力，且有助於在面對壓力事件後的情緒穩定度。

第二個做法是透過正念冥想、打太極拳，這類**強調自我覺察、活在當下的做法**，也被證實能透提升情緒的穩定性。有一個比較打太極拳對大腦影響的磁振造影研究發現，打太極拳十年以上的老人，視丘以及海馬迴的灰質體積比較大。此外，灰質的體積和他們的正念冥想表現是正相關，也和情緒穩定度有正相關。

第三個做法是**透過情境的改變**。前面有提到，老人之所以情緒變異程度比較小，有部分原因是因為他們生活中的壓力源比較少。所以，同理可證，如果不希望自己有太多的情緒波動，可以避免讓自己會有情緒波動的情境。雖然這樣的做法感覺比較消極，但對於老人來說，這其實是蠻不錯的做法，可以節省自己的資源，又可以讓自己情緒穩定。

老人的情緒比較穩定嗎？

第一問：老人的情緒比較穩定嗎？

答：是的，諸多研究都顯示老人的情緒是比較穩定的。但是，這有一部分的原因跟老人的生活情境有關。因為他們的生活情境中壓力源同質性比較高，這部分解釋了為什麼他們的情緒比較穩定。

第二問：情緒穩定對老人有好處嗎？

答：情緒穩定對老人的身心都有很多的好處。

第三問：如何提升老人的情緒穩定度？

答：提升情緒調節的能力、強化自我覺察的能力都是積極的好做法；適時逃避則是消極的好做法。

7

老人情緒失控怎麼解？

時不時，在新聞上，或是日常生活中，我們就會遇到老人情緒失控的狀況，像是有老人因為有年輕人霸佔博愛座，就責罵年輕人。有些人會故意用「老番顛」，來形容這些情緒失控的老人；雖然老人確實有可能因為認知能力退化，導致情緒控制能力變差，但是**情緒失控也不是老人專屬**，不同年齡層的人，在一些情況下，也都可能情緒失控。

不要被誤導了

老人的情緒穩定度比年輕人高，並不是因為他們對生活比較滿意。有個針對二十至八十歲成年人進行的情緒經驗調查（不定期詢問當下的情緒感受），發現即使排除了對生活的滿意程度，老人的情緒穩定性還是比年輕人高。這有可能是因為老人在生活中比較能夠抑制慾望，也就是說，不會刻意去追求一些事物、比較不會有患得患失的狀況，情緒也就相對穩定。

為什麼老人的情緒會失控？

有些情緒失控的原因是各個年齡層共通的，像是生理因素、心理因素、社會環境因素、遇上突發狀況以及個人性格所致。但**有一個原因是在老人身上比較容易發生的，就是大腦退化。**

因為大腦會隨著年紀退化，若沒有調整大腦的運作機制，就會影響大腦的正常運作。比方說，因為大腦功能退化，大腦運作的分化程度會下降，也就是說，會越來越傾向讓很多腦部區域一起運作，而不是不同區域有不同的分工。這個現象在情緒調節上也是如此，**額葉大腦運作分化不明顯的老人，情緒調節能力是比較好的。不過，在年輕人身上，是反過來的**，額葉大腦運作分化越明顯的年輕人，情緒調節能力越好。

也有研究發現，老化影響的是預設網路與杏仁核之間的連結。有一個研究比較老人和年輕人的大腦在看過負向刺激之後的反應，發現老人在跟認知歷程有關的指標（像是反思能力及對於同理心的認知）都比年輕人差，但老人在預設網路與杏仁核之間的連結是比較強的。在後續的研究中，他們納入更多老人，發現這個連結強度越強的老人，越容易受到負向刺激的影響，自陳的焦慮指數也更高，也就是說這個連結越強，反映了老人的情緒調節是有問題的。綜合這些結果，反映了老人在情緒調節能力上是比較差的。

針對輕度認知障礙以及失智症老人的研究，也發現老人在情緒調節的能力受到了影響。比方說，輕度認知障礙的老人，會更常使用不好的情緒調節方法。另外，失智老人若對自我感知的能力下降了，也會影響他們在抑制情緒的能力。這些都顯示了，**大腦的退化會影響老人情緒調節的能力。**

科普小教室

雖然研究上發現，失智的老人，情緒調節的能力會受到影響。但也有一些證據認為，情緒調節能力差，是罹患失智的風險因子。目前已知阿茲海默氏症患者中腦和後扣帶皮層（posterior cingulate cortex）有退化的現象。而剛好後扣帶皮層和杏仁核的連結程度，和老人處理負向刺激的能力是有關聯的。就有研究者推測，負向刺激處理能力的改變，有可能是阿茲海默氏症的前驅指標，亦即可以透過這個指標，來提早預測老人是否會罹患阿茲海默氏症。

雖然其他影響情緒調節能力的因子是各年齡層都有的，老人在這些方面還是有一些不同。比方說，在生理上，慢性病引發的不適，或是藥物的副作用，都可能會影響老人情緒調節的能力。在心理上，因為老人比較容易遇上離別，較容易有失落感，也會影響他們情緒調節的能力。在社會環境的部分，若老人退休了，社交支持可能會受到影響，經濟也可能會比較有壓力，而這些因素也都會影響老人情緒調節的能力。

該怎麼面對老人的情緒失控？

首先，老人身邊的人們，要提醒自己，要用一個比較客觀、理性的態度，來面對老人的情緒失控。因為很多時候，老人可能不是故意要失控，而是自己沒有辦法控制。此外，有的時候，他們是刻意失控的，目的是要吸引其他人的注意力或是表達自己的不滿。如果在老人身旁的人無法意識到這點，還用了錯誤的方式來回應，也可能對自身造成不好的影響，例如可能會因為情緒失控而釀成酗酒的問題行為。

再者，找出老人情緒失控的原因是很重要的。比方說，若老人是因為認知能力退化，而導致無法控制自己的情緒。那麼，就該儘早就醫，了解為什麼會認知能力退化，以及可以採用那些藥物及非藥物的治療方式。若打算就醫，最好找一些別的理由，而不是因為老人有情緒失控的狀況。在掛號的時候，也可以選擇比較中性的診別，像是家醫科、老人醫學科之類的，而不是精神科、神經內科，這些可能都會讓老人比較容易產生抗拒的心理。倘若，老人只是希望博取注意力，那麼可以跟他多溝通，了解他的需求，並且協調出一個彼此都能接受的互動方式。

一旦知道為什麼會有情緒調節的問題，就可以討論要怎麼面對。若老人沒有意識到，或是已經無法意識到這個狀況的嚴重性，就非常棘手。以失智老人來說，比較好的策略，可能是用分心的方式，讓他們轉移焦點，而不要固著在讓他們有情緒反應的事物上。若想知道更多方法，可以參考情緒調節章節的內容。若老人有一些病症，像是有失智或失能的狀況，可能會有照護者的支持團體，你也可以透過這樣的團體來尋求相關資源。

倘若老人情緒失控的狀況很嚴重，已經出現言語、肢體上的霸凌，一定要儘早處理。不能因為同理老人有一些退化的狀況，就包容他失控的行為，這樣的包容只會讓狀況越來越嚴重。**如果老人已經無法理性溝通，可能就要尋求專業協助，也許需要透過藥物的方式**，來改善老人情緒失控的狀況。另外，除了家人要有這樣的自覺之外，若有聘用的照護者因為老人的情緒失控而身心受創，也要儘早處理，而不是要求這些照護者要忍耐。或許因為語言不通，或許因為照顧者認為自己是被聘請的，不該過度爭取自己的權益，往往不一定會反映自己受到不合理的對待。家屬應該要主動告知照顧者，並且給予支持，才能降低照顧者受到傷害。

老人的情緒失控

第一問：老人情緒比較容易失控？

答：其實不論年齡，人們都有可能會情緒失控。若真的要比較，老人情緒失控的狀況，比年輕人還不嚴重，只是老人情緒失控更容易被放大檢視。

第二問：老人為什麼會情緒失控？

答：原因非常多，比較值得關注的是老人大腦退化造成的影響。除了額葉的退化之外，包含後扣帶皮層及杏仁核之間的連結活動等，也都會影響老人的情緒調節。

第三問：該如何面對失控的老人？

答：**不隨之起舞是很重要的原則**，因為有些老人對於自己情緒的失控，是不自覺的。而那些刻意要失控的老人，其實是有目的的。不論是哪種狀況，理解老人為什麼會出現這樣的行為，並且想辦法找到解決方法，才能從源頭去解決他們的情緒問題。

4

價值篇

前三個部分討論的，比較是個人層面，而在這個部分談的，雖然也是從個人層面出發，但對於群體層面有更多影響。因此，其實這部分討論的內容，反倒對個人影響會更大。像是不少家庭都會遇到，老人不願意改變、不願意就醫的困擾。因為老人除了年齡和年輕人不同之外，成長的時代背景也不同，這些都會影響他們的價值觀。所以，重點不該只放在老人和年輕人有什麼不同，而是要問為什麼會有這樣的不同。倘若我們能夠了解這些為什麼，或許就可以降低很多跨世代的衝突，讓社會更和諧。面對快速老化的社會，我們沒有選擇，必須要共老、共好！

1

老人比較固執嗎？

在想到老人的時候，除了孤單、生病等字詞之外，固執這個詞也常被聯想到。我不否認，自己遇到不願意改變的人時，也會脫口說出，「他又不是老人，怎麼這麼固執」這樣的話。

到底老人是不是真的比較固執呢？這個問題有點政治不正確，所以不太容易找到相關研究，勉強搭上邊的都是在談老人固執的行為，以及要如何面對之類的主題。雖然沒有辦法從科學研究上來說到底老人是不是比年輕人固執，但是有一個研究的結果發現，其實老人也不是沒有自我覺察能力。這個研究找了一百八十九對親子組合，並透過問卷調查的方式，來比較老人和成年子女，對於老人是否固執，以及可能成因的判斷是否有差異。研究結果發現，有77%的子女認為自己的老年父母是固執的，而有66%的老人自認是固執的，顯示**多數的老人知道自己是固執的**。不過比較有趣的是，在問到為什麼會固執的時候，中年子女主要歸因於父母的自理能力，以及彼此的關係；老人則主要歸因於自己的性格。

我想先帶大家從中年子女的面向來思考這件事。其實中年子女認為父母固執，有很大的可能是彼此的需求不同。舉例來說，當父母在家常會跌倒的時候，子女可能就會建議父母要搬去跟他們同住，或是要找照護者來協助。如果父母不願意配合，而且持續跌倒受傷，子女可能就會覺得父母很固執。但是，父母心裡可能覺得，不希望自己的隱私、自由受到侵犯，所以面對子女這類要求的時候，就會顯得不配合。另外，如果親子關係本來就不和睦，那麼中年子女和父母之間，有衝突是很正常的，也不一定就是源自於父母比較固執。

如果是從老人的角度來看，他們覺得固執和自己的性格有關係，這到底跟老這件事情有沒有關聯呢？從後設分析的研究結果來說，應該是沒有。因為研究發現成年之後，人的性格是相對穩定的。所以，老人覺得自己固執，**應該是從年輕時就固執了，並不是因為老了才變固執的。**倘若是這樣，那老人自認為固執，不一定是真正的固執。畢竟，一個社會有近七成的人都是固執的，這也有點荒唐。

不要被誤導了

在成年後，人的性格其實不大會改變。除了經歷了重大事件，或是大腦退化，才可能會有性格上的明顯改變。所以，若老人的性格出現改變，但是生活中並沒有重大事件發生，就要格外小心，因為這可能是大腦退化的前兆。

有個針對雙胞胎進行的長期追蹤研究就發現，性格上的神經質程度增加，和事後被確診為失智症有高度的正相關。因此，性格是否發生劇變，可以做為用來初步判斷老人是否大腦退化的指標。

仔細看這問卷的題目，或許可以看出一些端倪，因為題目的方向都圍繞在老人的健康、自主生活安全性的主題（例如問到是否會忽略或拒絕醫囑），也就是有可能會侵犯老人自主、隱私的問題。想當然耳，他們容易會有固執的行為反應。

老人真的固執嗎？

若我們把固執定義為不願意改變，而不願意改變背後又可以分為兩個原因：一、因為已經太習慣原本的做法了，所以很難做出改變。二、對於改變感到擔心，所以不願意做出改變。

針對第一個可能性，過去研究確實發現，老人在處理任務轉換上，跟年輕人是不一樣的。比方說，在研究中若要求老人看到一個英文單字的時候，有時候要判斷這個字是否為大小寫，有時候則要判斷這個字是否為子音，在行為層面上，老人相較於年輕人，並沒有更多的轉換成本。但是，老人有比較多的腦部區域會有活動，包含背外側前額葉皮質（dorsal lateral prefrontal cortex）、額下迴上區（pars opercularis）、顳葉顳上迴（superior temporal gyrus）、以及後部和前部扣帶迴（the posterior and anterior cingulate）。這個結果顯示，**老人為了要能夠做出改變，需要投入較多資源，也就是說，轉換對他們來說是比較困難的。**不過，研究發現，若比較一次只執行一個任務，或是需要在兩個任務間做轉換時，老人在行為層面上就會明顯比年輕人差，反映了老人的混合轉移（mixing switch）能力是比較差的。

另外，對老人來說，可能原本的行為都已經自動化了，所以不太耗費資源。若要改變，就等於不能夠用自動化的方式來做事情，他們自然沒有那麼高的意願。就像有些老人使用的機器已經有點故障了，但是因為他們已經找出怎麼使用的小訣竅，就寧願使用這部舊機器，而不願意換一個新的機器。

針對第二個可能性，就以對科技產品的使用當作例子。不僅是我們生活中的觀察，研究上也發現了，對於電子產品使用的焦慮感受，會預測老人是否有科技恐懼（technophobia）的狀況。technophobia這個詞彙雖然還沒有被列入精神病理的診斷手冊中，但在研究上，已經廣泛被使用，在Google學術搜尋系統上已經累計超過兩萬筆資料。

換個角度看待老人的固執

前面提過，老人在人際溝通間展現的固執，某種程度上是為了保護自己的隱私，維持自己的自主性。那麼，如果在跟老人溝通一些事情，像是希望他們可以接受治療的時候，就可以想想，該怎麼讓他們覺得我們在意的，是他們的健康能夠獲得保障，或許他們也就不會那麼固執。另外，**也要避免命令式的做法**，而是要給予他們一個願景，像是可以讓他身體更健康；然後，告訴他們為了要實現那個願景，他們該做哪些事情，也比較能夠讓他們接受建議。

不願意改變、不願意嘗試新事物這樣的固執行為，很明顯和資源分配有關聯。老人可能因為覺察到自己退化了，所以對於資源的使用更加謹慎，因此會傾向用自己習慣的方式來做事情。除此之外，避免嘗試新的事物，也是一個避免資源匱乏的做法。所以，如何讓老人知道，其實新的做法，可以讓他們節省資源，或許就有機會讓他們不要展現固執的行為。

另外，如果讓老人覺得自己其實沒有退化，或許也會讓他們更願意去嘗試新的事物。在《30歲之後，才是你大腦的全盛期》當中，作者加藤俊德就提到，隨著年紀的增長，大腦會產生一些變化，我們該做的是去調整做事情的方法，而不是照舊的方式去做事情，就有機會發現自己其實還沒有退化。有一個研究甚至發現，只要中年人沒有想到自己的年紀，就會讓他們的記憶表現，跟比自己實際年齡小五歲的人差不多。也就是說，**老人怎麼看待自己的能耐是很重要的**，若他們覺得自己還可以，那麼行為上也可以表現得比較好；反之，他們的行為表現就會比較差。

老人比較固執嗎？

第一問：到底怎樣算是固執？

答：若只是用行為上是否有所堅持，不願意做出改變來當作固執，並不是最好的標準。應該是在知道別的做法明顯較優的時候，依舊不願意做出改變，用這樣的方式來定義固執，會比較恰當。

第二問：固執算是一種大腦退化？

答：固執其實算是保護大腦的一種做法，為了在退化的狀態下，還能夠維繫功能的正常而產生的行為。所以，嚴格來說，固執是因為大腦退化而產生的做法，用來彌補大腦退化的缺失。

第三問：固執就是不好的嗎？

答：這要看所謂的「好、不好」**是從誰的角度來看**。如果是從老人的角度，固執對他們來說其實是好的，因為可以用比較少的資源來過生活。

2

老人不喜歡求助？

明明大晴天，路上還是有不少老人拄著雨傘走路，為什麼會有這樣的現象？其實，這是因為老人知道自己走路走不穩，需要有輔助工具，但又不希望使用拐杖，讓別人覺得自己是虛弱的老人。這其實只是比較常見的現象，其他的像是，有些老人其實早就重聽了，但寧願跟別人雞同鴨講，也不願意去進行聽力治療或安裝助聽器。

為什麼老人不喜歡求助？

有些人會覺得，老人就是重視自己的面子、臉皮薄，所以不喜歡求助。但是對老人來說，不求助的背後，其實有很多不同的原因，不單單是自尊心很強。比較主要的原因包括：

一、**不希望自己被視為弱者**：隨著老化的過程，老人自己也會覺察自己體力、精力不如以前。但是，這種自己知道的退化，和被別人覺察的退化是不同的。**被別人覺察的退化，對於老人的自我效能有比較多負面的影響**，而自我效能的下降，對老人的身心都有負面的影響。

二、**希望維持自主性**：當老人對子女求助時，子女基於求好心切，可能會提供過多的協助。比方說，子女可能想要把父母接來同住，但父母其實並不願意轉變自己的生活圈。所以，為了維持自主性，老人會不願意求助。

三、**不希望造成別人的負擔**：老人會認為自己的問題，自己解決就好，不用麻煩別人。當然這一部分也是擔心別人提供的協助，不能符合他們的期待。與其麻煩別人還造成自己的不快，不如自己來承擔就好。

不過，在某些情況下，老人也是願意求助的。比方說，如果是因為疾病的關係，會提升他們求助的意願，因為這是疾病，而不是他們變弱的緣故。另外，如果老人可以和提供協助的人之間有一些互惠的做法，也會讓老人比較願意開口尋求協助。

不要被誤導了

當老人需要被照顧的時候，有些家庭會透過開家庭會議的方式，讓所有成員一起討論。雖然這樣的方式，感覺上對老人是好的。但是，荷蘭的研究發現，老人其實不喜歡透過家庭會議來討論，因為他們會覺得自己無法擁有掌控權，會喪失自己的自主性。如果是一位老人，對上多名子女，確實很有可能因為寡不敵眾，而讓老人覺得自己被控制了，沒有辦法照自己的意志來做決定。**若家庭會議不能以老人為主體來做討論，對老人的壞處反而會更多。**

老人若能自力更生不是壞事

雖然老人不求助，可能會對他們產生一些不好的影響。但是若他們可以強化自己的能力，降低自己需要求助的可能性，對他們來說其實是好的。有個針對上海八十歲以上老人做的訪談研究就指出，這些老人認為能夠自力更生是成功老化的一個指標。而要**能夠自力更生有幾個重要的元素：身體健康、財富自主、社交支持以及認清自己已經老了的事實。**

一個荷蘭的調查也顯示，老人其實更偏好可以自力更生。而且在有需要協助的時候，他們傾向於跟朋友、鄰居尋求協助，而不是跟家人。這樣的偏好，也跟老人不希望求助有很大的關係，因為鄰居、朋友不太會給予過多的協助，反而讓老人比較沒有壓力。也因為接受的協助比較少，他們會覺得自己比較有機會可以回報別人的協助，自然就提升他們願意接受朋友、鄰居協助的意願。

美國有一個CAPABLE（community aging in place, advanced better living for elders）

方案，就是希望透過定期訪視，以及增加輔助工具的做法，來讓老人更有機會可以在社區老化，而不需要住進機構。在方案試行五個月之後，有近八成的老人自我照顧的能力都有所提升，而且他們服用抗憂鬱藥物的狀況有明顯改善。也就是說，**讓老人在自己能力所及的情況下照顧自己，只提供必要的協助，對老人來說是有好處的。**

日本的夢之湖日照體系，提倡減法照護，意思就是對於來機構的老人，並不提供完整的服務，而是只要老人能夠自己做的，就不幫他們做。銤德文教基金會也把這樣的照護系統引進臺灣，在臺灣目前已經有六個銤工場的據點。不少老人在銤工場的日照之後，功能都有明顯的進步，或是延緩了退化的速度。這也顯示了，即便對於失能或是失智的老人來說，讓他們可以盡量用自己的力量來做事情，對他們也是有幫助的。若讀者想要多認識銤工場，可以參考他們網站上的資訊 https://www.ricare.global/，或是參考夢之湖體系創辦人藤原茂的《減法照護、人生加分》這本書。

求助與不求助的兩難

對老人來說，求助與不求助各有優缺點，那要怎麼取得一個平衡呢？伴隨科技的發展，已經有研究發現語音輔助系統，對老人來說明顯有幫助。老人有需要協助的時候，可以透過語音助理找到協助，又不會覺得自己麻煩了別人。倘若這類的技術可以有所提升，那麼就是一個很好的平衡。但是，科技的使用難免會讓老人感到不放心，所以不少歐美的照護服務，還是會有真人透過網路來提供服務。

倘若不願意仰賴科技，又不得不向人求助時，提供協助的人可以思考要如何給予協助，讓老人不會覺得自己的求援，會破壞自己和能夠提供協助的人之間的關係。因為研究上發現，這樣的擔心，也是阻礙老人求助的原因之一。

另外，因為求助的老人，會很容易降低自我效能，以及會擔心自己的自主性下降。如何讓他們不要產生這樣的感受，也是在提供協助時，需要特別留意的。比方說，可以透過讓老人選擇要用什麼樣的方式來提供協助，讓他們覺得自己還是有自主性的；也可以透過善意的謊言，表面上不拒絕老人的請求，實際上卻只是擱置、或是忽略他們不必要的請求。

老人該求助嗎？

第一問：老人不喜歡求助嗎？

答：雖然不論年齡，大家在某些時候都會有求助的需求。但是，對老人來說，求助不僅是反映了自己沒辦法做某件特定的事情，而是全面性的宣告自己是弱勢、沒有能力的。也因此，**老人在求助時，會有更多的考量。**

第二問：求助對老人是好的嗎？

答：對某些事情來說，求助對老人有好處。但是，如果老人什麼事都請求別人協助，而不是靠自己的力量來做事情，對他們是不好的。

第三問：該怎麼拿捏要不要求助？

答：老人可以練習就事論事，針對自己確實有需要協助的部分，跟其他人提出協助的請求。**不要因為太多的擔心，而勉強自己去處理，或是逃避不處理。**對於提供協助的人來說，可以思考**如何在提供協助時，盡可能維持老人的自主性。**

3

老人就是比較容易有偏見？

在一些影集、電影中，常會把老人形塑成很容易有偏見的人，像是他們對於蓄長髮的男性會不太友善，或是不能接受同性之間有親密的舉動，更別說是對於同性婚姻的認同。在真實生活中，相信大家也會遇到一些老人，他們對於特定的事情有很嚴重的偏見，這可能跟性別、種族或是跟政治有關係。可是，這樣的狀況也不是在老人身上才有，不少年輕人、中年人，對於特定的事，也都有很強烈的先入為主的觀念。

老人真的比較容易有偏見？

研究確實發現老人比較容易有偏見，比方說在一個研究中，年輕人和老人會被告知兩位學生的名字以及他們的一些背景資料，其中一名學生是運動選手，另一名學生是班上的書卷獎得主。當他們被告知要預測這兩名學生的智商時，老人對於書卷獎學生智商的預測，明顯高於運動選手；在年輕人身上，對於智商的預測則沒有差異。

老人比較容易有偏見的狀況，不侷限在可能比較根深柢固的概念上，連剛接觸到的訊息，也會有較強的偏見。有研究者讓老人和年輕人讀一些容易讓人產生刻板印象的文章，像是談到一位男性比較陽剛，所以喜歡從事戶外活動等等。在閱讀這些文章之後，即使在處理一些文章中沒提及的內容時，老人比較容易會從文章中形成刻板印象，進而影響他們後續的判斷。

也有研究探討，到底老人在隱示態度上是否也容易有偏見。他們使用了〈隱示連結測驗〉來檢視這個假設，這是一個很常被用來測量隱示態度的測驗，在一個種族版的測驗中，會有兩個關鍵階段：

階段Ⓐ：黑人—好、白人—不好　按同一個按鍵

階段Ⓑ：白人—好、黑人—不好　按同一個按鍵

在這兩個階段中，他們每次會看到一張照片或一個字詞。當他們看到照片的時候需要判斷照片中的是黑人或是白人；看到字詞的時候，他們需要判斷字詞是好的（如開心）或是不好的（如難過）字詞。

如果一個人對於黑人有明顯的偏見，那麼他們在階段B的反應時間會比階段A快，因為在階段B，黑人和不好是按同一個按鈕；若一個人對白人有明顯的偏見，那麼他們在階段A的反應時間就會比階段B快，因為在階段A，白人和不好是按同一個按鈕。若一個人針對種族沒有明顯偏見，則這兩個階段的反應時間不會有明顯差異。結果發現，相較於年輕人，老人在隱示態度上有比較強的偏見。也就是說，老人比較有偏見這個現象，不只在顯示態度上是如此，在隱示態度上也是如此。

不要被誤導了

老人有偏見這件事，看起來只是會影響他和其他人的互動，對自己並不會有壞處。但研究發現，這些有偏見的老人，一般來說思緒比較僵化，對於老也比較容易有負面觀感。這些負面觀感，會進而影響他們的健康。所以，練習降低自己對人事物的偏見，不僅對人際互動有幫助，對自己也有其他實質的好處。

為什麼老人比較容易有偏見？

撇開年齡的影響不說，偏見之所以會形成，就是因為大腦在偷懶，想要用腦海中既有的模式來處理新接觸的訊息。如果一個人從小到大，接觸到的成年男性都是在家煮飯、照顧小孩的，那麼當他接觸到一位新的成年男性時，他也會預設這名男性在家負責煮飯、照顧小孩。

對於老人來說，有可能是因為認知功能整體性退化，導致他們會傾向仰賴既有的模式來處理訊息。倘若新的訊息和過去的有比較大的差異，他們的處理就會出錯，就會被解讀為他們對新訊息有偏見。

也有功能性磁振造影的結果，支持這樣的想法。有一個探討老人是否有種族歧視的研究就發現，對黑人有偏見的老人，在看到黑人的臉時，杏仁核會有較多的活動，顯示他們對黑人的反應確實比較強烈。

偏見的成因，也有可能是因為無法換位思考，從別人的觀點來看事情。過去有一些弭平偏見的研究，就是透過增加接觸，讓人們有機會換位思考，來降低不同群體對彼此的偏見。有研究就發現，老人在換位思考的表現比較差，所以導致比較容易有偏見。

雖然，偏見的念頭或許人人都會有，不過多數時候，人們會用理性來壓抑這些偏見的念頭。基於這樣的現象，有研究者推測，**老人可能是因為控制能力變差，所以無法壓抑偏見的念頭，因此比較容易有偏見。**這個假設有不少的研究支持，比方說有研究使用臨床診間常用到的連連看測驗，發現在這個測驗上表現比較差的老人，也比較容易有偏見。

科普小教室

在臨床診間會使用的連連看測驗有兩種：一種是要求病人按照順序，從1開始把數字連起來；一種是要求病人在兩種順序之間做轉換，比方說1－鼠－2－牛，就是在數字順序還有生肖順序之間做轉換。後面這種測驗和人的執行功能有高度相關，執行功能能力好的人，可以比較順暢的做轉換，比較不會犯錯，像是1不會錯誤連到2。

也有人推測，老人之所以有偏見，是因為他們閱歷較廣，所以在處理一個概念的時候，相關概念就很容易被激活，可能因此產生刻板印象。不過，這個假設並沒有獲得支持，因為在概念的激活能力上，老人和年輕人並沒有明顯差異。

怎麼協助老人降低偏見？

一個對所有年齡層的人都有用的做法，就是**拓展自己的in-group**，所謂的in-group是指別人和你屬於同一個群體。你和另一個人可能因為種族、性別、政治偏好等因素，覺得彼此屬於不同的群體；然而，若你們可以找到彼此的共通性，像是你們可能都喜歡看電影，那麼這個你以前認定的他人，就可能變成自己人，你就不會對這樣的人有偏見了。

研究上有一個類似的發現：我們對於某個屬性的偏見，會受到其他屬性的影響，因而降低原本對那個屬性的偏見。比方說，你可能原本是對黑人和對老都是有偏見的，但因為有這樣雙重的分類，你反而對老年黑人比對年輕黑人有比較正面的觀感偏好。老人和年輕人在這個現象上，是沒有差異的，所以引導老人多關注人事物不同的面向，或許也可以降低偏見。

另外，若給予明顯的提示，要求老人不要有偏見，也會降低他們偏見的行為。這也顯示了，老人是控制能力不彰，需要額外刻意去控制，才能達到控制的目的。

老人與偏見

第一問：老人真的比較容易有偏見嗎？

答：雖然存在個別差異，不過多數的研究確實發現老人比較容易有偏見。

第二問：為什麼老人比較容易有偏見？

答：簡單來說，就是因為認知能力退化了，而這退化又會透過兩種方式來影響偏見產生。第一、會更加仰賴既有表徵，因而容易有偏見；第二、自我控制能力不佳，所以當偏見念頭產生之後，較無法自發性地去抑制那些念頭。

第三問：如何降低偏見？

答：刻意提醒自己，以及豐富自己對於人事物的處理，都可以有效降低偏見。

4

越老會越保守嗎？

在英文中有句話是這樣說的：

If You Are Not a Liberal When You Are Young, You Have No Heart, and If You Are Not a Conservative When Old, You Have No Brain.（年輕時不是自由主義者，心中沒有熱情；年老時不是保守主義者，腦中沒有智慧。）

這說明了比較多年輕人是自由主義者、比較多的老人是保守主義者。這樣的差異，確實符合社會大眾的刻板印象。但是，老人真的比較保守嗎？還是他們只是信守自己熟悉的信念罷了？就像以前的社會是男尊女卑，而從現在的觀點看，會覺得女性權益受到迫害。但是，在那樣的社會下，男人不是平白享受權益，也要盡賺錢養家、做為主要經濟來源的義務。老人因為成長的過程，社會氛圍是那樣的，所以當自己成年之後，也會覺得這樣的價值觀是正確的。只是湊巧男尊女卑的價值觀變了，現在更崇尚男女平權，我們就會錯誤的以為老人的觀念比較保守、守舊。但是，他們可能只是沒有改變自己年輕時形成的信念，僅此而已。就像現在國家保護主義盛行，年輕世代可能就認為保護自己國家的權益是正確的觀念，反而會跟X世代世界地球村的信念背道而馳，在這樣的情況下，年輕人的想法，反而相對保守。

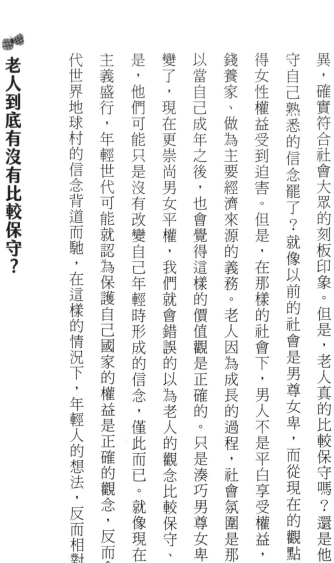

老人到底有沒有比較保守？

雖然保守有很多面向，不過研究上比較多人探討的，是政治上的保守。而針對政治態度來說，證據其實比較混亂。有一些研究確實看到，年輕族群比較開放、老年族群則比較保守。但是，也有研究發現，人的政治態度，在成年之後相對穩定，政治上比較開放的人，到了老年還是比較開放的，反之亦然。不過，這個研究還有一個有趣的發現，就是老人如果政治態度上有轉變，通常是轉變為偏保守。所以，也算是部分支持了老人在政治上是比較保守的說法。

也有研究認為，老人之所以會被認為比較保守，跟年齡不是特別有關係，而是他們的角色改變了，所以對於政策的偏好有所不同。比方說，當你還是孤家寡人的時候，會認為跟家庭、照護有關係的福利政策，跟你無關，你更在意的，是社會上每個人是否被公平對待，權益有沒有受到損害。然而，成家之後，你看重的事物就不同了，你可能更在意跟家庭有關的福利政策，因而政治態度有了轉變。造成你態度改變的關鍵，是你的身分變了，只是剛好身分的改變，和年齡的增加常常是伴隨發生的，所以我們會誤以為老了就會讓人態度有所轉變。

在歐美國家，自由、保守，或是左派、右派的政治區分，是比較明確的，政黨在這樣的信念上，也有比較穩定的立場。反觀在臺灣，政黨的信念，其實有點難以捉摸，所以在臺灣要利用人們對某政黨的支持，來反映他是比較保守或自由的，並非太好的指標。

撇開政治上的態度，年齡在一些議題上，像是墮胎權、同性婚姻的支持度，也會產生影響。像是蓋洛普的民調結果就發現，老人在墮胎議題上的態度在過去幾十年來沒有太大的改變，都是比較反對墮胎的。同性婚姻的支持度上，也看到老人的態度是比較不支持的。但是，研究上不必然會直接把這些態度跟保守、自由畫上等號。原因很簡單，支持墮胎的人和反對墮胎的人，只是針對這個議題有不同的看法，不能因為別人的看法和自己不同，就認定他的想法比較保守。

不要被誤導了

不同年代，對於一些議題的看法，本來就會有差異。像是對於男女平權、同性婚姻等議題都是如此。就有研究數據顯示，在九〇年代，十八～二十四歲這個族群對於同性婚姻的支持度，其實和近年老人對同性婚姻的支持度沒有差異。如果單純看支持度的數據，我們應該要推論九〇年代的年輕人也是保守的。可是，我想沒有人會做這樣的比較，這樣的比較意義也不大。即便像政治上對於保守、自由的定義，隨著時代演進，也有一些改變。所以，我們在定義什麼是保守，什麼不是保守的時候，需要更謹慎，看待相關研究結果的時候，也要仔細端詳，不要有了錯誤的理解。

保守的態度，對老人有好處嗎？

雖然老人是否比較保守的這個論點，沒有獲得研究一致性的支持。但是，我們還是可以想一想，保守的態度，對老人可能有怎麼樣的好處？有個研究，針對文化價值的保守程度進行探討，結果發現，**信守文化價值的人，自評的自尊程度也會更**

高，即便排除自戀的影響之後，依舊得到同樣的結論。若我們把保守，廣義解釋為相信自己一直相信的價值，那麼保守的人，自尊程度也會比較高。而自尊高，對於人的幸福感是有幫助的，所以可以說保守對人確實有某些益處。

另外，如果在態度上比較保守，不會恣意冒險，那麼可以避開一些風險，即使也有可能會錯過一些大好的機會。同樣的，也因為保守的人傾向不去嘗試新的事物，那麼他們可以利用自己熟悉的方式來做事情，這其實可以降低老人的認知負荷，對老人也是有利的。

雖然保守對老人來說是有好處的，但是在跨世代的溝通上，過於保守就是弊大於利。倘若不同世代都願意相信**彼此信念上的不同，很大一部分是因為角色不同所造成的**，那麼就比較有機會去對話，進而減少不同世代之間的衝突。

該如何避免自己成為一個保守的老人？

願意保持開放的心態，就能夠避免自己成為一個保守的老人。所謂開放的心態，不意味著你就要完全認同別人的意見，而是**要願意去傾聽、去了解。**即便你在通盤了解之後，還是覺得自己的想法更合適，也不是一件壞事。但其實，只要你願意通盤了解，就會發現在多數事情上，人們的態度並沒有那麼大的不同。就像子女希望你換個環境生活，和你希望住在自己熟悉的老家，背後的想法都是希望你可以好好過生活。如果背後的想法並沒有差異，那麼何不試試看別人的建議，或許這個建議，就會為你帶來一些意想不到的好處。

如果要保持開放的心態很難，那麼**至少練習在做事情的時候，可以多想想。**研究發現，當人採用分析式思考模式的時候，想法會是比較自由的。就以剛剛提到希望住在熟悉的老家為例子，你可以去分析，自己為什麼想要住在老家，是因為鄰居的緣故？菜市場？餐館？還是不希望改變自己生活的自主性？若你經歷過這樣的思考過程，或許想法也會有所轉變，別人也不會那麼容易在你身上貼上一個保守老人的標籤。

倘若前兩件事情，對你來說都不容易做到。那麼，**至少要結交一些和你屬性不完全相同的朋友。**透過和這樣的朋友往來，也能讓你自己開開眼界，不至於只活在自己熟悉的舒適圈。當然，這些朋友，也需要和你在一些屬性上是相近的，否則要和這樣的人維持友誼，本身就不容易。

老人比較保守？

第一問：**老了就會變保守？**

答：相關的證據，其實不太一致。比較好的說法應該是，不同的時代背景、不同的角色，都會影響人的保守程度，而這些剛好都會跟年齡有共同改變的狀況，所以我們會誤以為變老會讓人變保守。

第二問：**保守的態度對老人有好處？**

答：是的，因為保守意味著不需要改變，會讓老人做事情比較從容，也比較節省認知資源。

第三問：要怎樣改變保守的態度？

答：首先，保守本身並沒有錯，只是若你願意用比較開放包容的態度來看待事情，自己的想法可能會有所轉變，而保守的態度可能自然而然就有了變化。

5

老了消費行為會改變？

對上一個世代的老人來說，節儉是應該的，他們總是省吃儉用，只為了多留一點財產給晚輩。現在這個世代的老人，有一部分維持這樣節儉的傳統，特別是當錢是要花在自己身上的時候，他們會格外謹慎；然而，也有另一部分的老人是很願意消費的，只要東西夠好、滿足他們的需求，他們就會消費。

老人的消費行為為什麼有這麼大的變異？

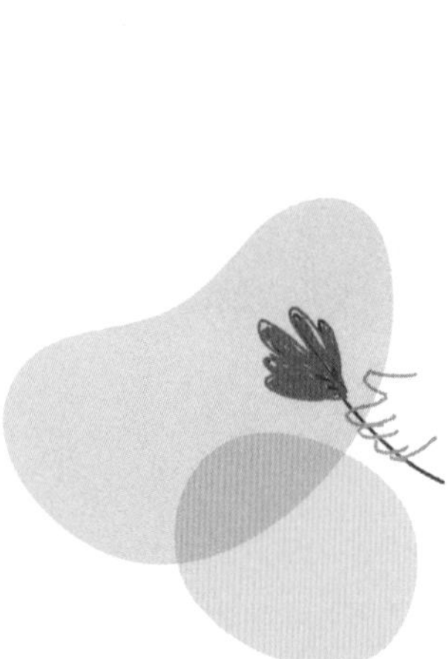

老人的心態扮演很重要的角色，有一個針對退休老人消費行為的研究，把老人分為四種：**一、老年風格**（Old age style），對於老年的看法比較傳統，認為退休就是離死亡更近了；**二、延續風格**（Continuation style），認為退休沒有太大的差異，基本上會延續退休前的生活；**三、新開始風格**（New start style），認為退休是一個新的開始，可以去從事退休前沒有做過的事；**四、破壞性風格**（Disruption style），退休破壞了原本生活的節奏，有點迷失。前兩類的老人，在消費風格上比較趨於保守，比較會把錢花在必需的消費上；後兩類的老人，在消費上則會比較著重體驗、享樂，花在探索新的可能性上。

不過，有別於我們的刻板印象，老人的經濟狀況跟他們的消費，並沒有明顯的關聯性。這個結果是美國智庫蘭德（RAND corporation）所做的調查，他們發現**退休後的老人，不論是單身或是與伴侶同居，消費都會下降**。但值得一提的是，在同一個調查中，他們發現老人在贈與以及捐款上的消費，是增加的。也就是說，變老讓他們改變消費的習慣。

老人的消費和年輕人有差異嗎？

根據財團法人信用卡處理中心過去十年的資料顯示，若以刷卡總金額來看，未滿二十歲，以及七十五～八十歲、八十歲以上這三個年齡層，是刷卡金額最低的。老人年紀越大，刷卡金額就越低。

若以消費占比來看，老人在多數的項目上，消費占比都比其他年齡層明顯較低，除了在住宿這個指標上，各年齡層無明顯差異，以及娛樂這個指標上，三十歲以下的年齡層明顯高於其他年齡層，但彼此之間沒有明顯差異。只有在其他類型的消費上，老人的消費占比明顯高於其他年齡層。這樣的消費型態基本上和美國的資料一致：年輕人比較重視享樂的消費，老人比較重視實用的消費。不過，因為這只有分析刷卡的消費行為，有可能無法反映全貌，值得注意。

另外，隨著年紀的增長，醫療支出的增加也相當常見。美國蓋洛普調查就發現，醫療支出對不少中老年人來說，已經形成嚴重的負擔。不論是針對五十～六十四歲這個年齡層，或是六十五歲以上的年齡層，非常在意或是有點在一醫療支出的比例加總都超過60%。而且老人會因為要省錢，寧願不接受治療、服藥，也有超過70%的老人，會因為要支付醫療費用，而減少在其他方面的消費。

除了消費型態的不同之外，老人和年輕人對於品牌的依賴程度也有所不同。老人在消費時，比較不考慮品牌，除非這個品牌是自己信賴的品牌。即使在低涉入程度的商品（像是牙膏這樣的日用品）上，老人對於信賴品牌的忠誠度，也會隨著年齡而增加。另外，老人比較喜歡引發正向情緒的行銷方案，而不喜歡負面行銷的作法。

不要被誤導了

雖然一些研究顯示老人對於情緒有比較好的控制力，理論上應該比較不會受到情緒性廣告的影響。研究結果卻發現，情緒行銷，特別是正向情緒的行銷，對老人特別有效果。不過，其實不僅是情緒，很多認為會影響消費行為的因素，目前在老人身上的影響，都還不夠明確。

過去，老人和年輕人網購的比例有比較明顯的差異。但伴隨著老人對於科技掌握的程度上升，近年來差距逐漸縮小；根據資策會的調查，中高齡的消費力道，甚至比年輕族群強。美國的資料也顯示，對於科技的掌握程度，會影響網購的意願。另外，因為美國幅員比較廣大，購物的便利性，也會影響網購的意願。相較於臺灣，除非住在偏鄉山區，否則購物都還算是便利，所以購物的便利性，比較不會影響網購的意願。

老人消費的趨勢

有一篇彙整一九七〇～二〇二〇年關於老人消費研究的論文，界定了老人消費有幾個變革：

- **高齡消費者在市場和社會中角色的變化**：現在很多老人退而不休，再加上單身老人的增加，都改變了他們在社會中所扮演的角色，這也會影響他們消費的行為。

- **對自我照護的重視，導致時裝購買和整容手術增加**：這個趨勢並非適用所有的老人，但確實有一部分老人，更願意為了青春永駐而花費。根據AARP，在二〇一八年，每四個整型的人，就有一個是老人。
- **高齡消費者在專門為他們設計的產品和服務上的支出變化**：這是一個相輔相成的狀況，因為老人對於輔助工具的態度變開放了，業者也更願意為他們推出專屬的產品。在臺灣，老人產品的總體銷售金額，也是逐年上升的。
- **對風險認知的變化，導致偏好極為謹慎或冒險的行為**：這部分在決策判斷的章節已經有很多討論，此處不再贅述。

根據二〇二三年高齡科技產業策略會議的資料，高齡者願意支付的最高比例為：長期照顧占45.7%，其次為居家修繕占37%；排名第三者為家事清潔占31.6%；第四名的交通接送占30.6%；第五為居家照顧占30.5%，也可以看到消費樣態的轉變。

不過從這份資料可以看出，臺灣老人在消費上還是以實用的需求為主，重視其他消費的老人，比例上還是較低的。

老了會改變消費行為？

第一問：老人的消費行為都一樣？

答：即使都是老人，消費行為也有很大的變異性。很多因素都會影響老人的消費，比方說心態、認知能力。不過，可支配所得對於消費的影響，並不明顯。

第二問：老了消費行為會改變嗎？

答：從消費數據上，確實會看到消費行為的改變。有些可能是跟年齡改變有關，有些則跟角色改變有關。

第三問：該為老人打造專屬的產品嗎？

答：理論上是，但是老人在消費上還是以實用需求為主，所以如果打造不實用的老人產品，恐怕是不會受到市場青睞的。

6

老人比較在意靈性寄託？

現代人的生活步調很快，傳統的宗教信仰都受到了不少衝擊。比方說，歐洲很多教堂不是荒廢了，就是另有他用。去參加宗教儀式的人，年齡層也普遍較高。為什麼會有這樣的現象呢？美國AARP曾經做過一個調查，了解成年人在人生不同的階段，會看重哪些事情。在這份報告中，七十歲的人會開始追求平靜的生活，到了七十五歲，信仰、靈性生活來到了一個頂峰，信仰對這些人來說成為最重要的事項。

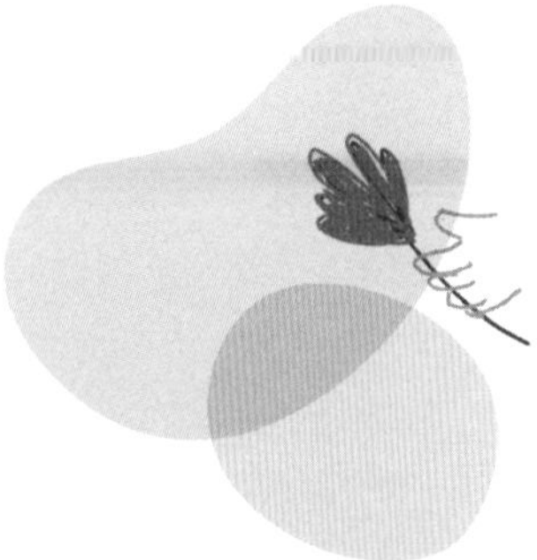

老人真的比較崇尚靈性上的富足嗎？

雖然現在的調查資料都顯示了，老人是比較重視宗教、靈性價值的。但到底是因為人老了，所以比較看重宗教、靈性的價值。還是，這是由於年代所造成的：因為以前出生的人，比較重視宗敬、靈性的價值，只是剛好這些人現在老了，所以我們會誤以為老人看重這些價值。

有研究者分析了一九八一年至二〇一四年，世界價值調查的資料（World Values Survey data），發現在已開發國家中，年齡扮演的角色是比較重要的，也就是說，不論是出生在哪個年代，只要老了，就會對宗教、靈性事物比較感興趣。不過值得一提的是，在這份調查中，各國自認自己是有宗教信仰的人，比例差異非常大：最低的中國只有不到兩成的人認為自己有宗教信仰，最高的是巴基斯坦，幾乎所有的人都認為自己有宗教信仰。

年紀變大除了對宗教、靈性的興趣、參與程度會提升之外，也有研究發現，年紀越大的老人，對宗教的期待也有所轉變。他們針對年輕及老年的天主教徒做研究，發現年輕的天主教徒，對宗教的看法比較多面向，但老年的天主教徒，對宗教的看法則比較單一，且更著重於探討生命的永恆。

靈性上的富足，對老人有好處嗎？為什麼？

簡單的答案是，有的。宗教、靈性價值對老人的好處，大概可以分為兩類：一類是跟健康有關的，**靈性上富足的人，生理上比較健康，且在接受治療的時候，效果會比較好**；也有研究發現，有宗教信仰的人，可以利用這個做為依託，來降低自己的疼痛感覺。第二類的好處跟心理健康有關，**靈性上的富足，不僅能夠提升心理幸福感，也能降低罹患精神疾病的機率。**

至於為什麼靈性富足對人有好處，目前已經找出幾種可能性：一、因靈性富足而降低壓力，進而改善身心狀態；二、由於靈性富足而提升了生命的意義感；三、因為靈性富足而提升了智慧。但這三者之間的關係，其實並非完全獨立，而是彼此互有關聯的。

科普小教室

在學術研究中，若有涉及抽象的概念，像是生命的意義感、智慧的討論，在詮釋結果的時候，需要格外留意。因為這個研究者所定義的生命意義感，可能跟另一位研究者定義的不同。以智慧的定義為例，有研究者是利用了3-DIMENSIONAL WISDOM scale這個工具來定義，這個工具包含了反思、認知與情感的面向，透過不同的情境題，來檢核一個人的智慧是高或是低。即便這個工具有好的信度、效度，它充其量也只能反映在有測量的範圍內，一個人的智慧程度。針對沒有測量到的部分，其實是無法評估的。所以，有時候不同研究雖然看似得到不一樣的結論，卻有可能只是定義上的差異，而非真的不同。

不過，也有一些研究發現，透過宗教來追求靈性富足的人，很有可能只是因為有較多的社交參與，或是因為生命的意義感有所提升，而不是因為有宗教信仰，進而對自己的身心產生影響。雖然大家會覺得，如果一個人是為了投入宗教，所以有社會參與、生命的意義感提升了，進而對自己的身心產生影響，這不也應該算是宗教的影響嗎？這樣的想法沒有錯，但可能會讓我們有了錯誤的因果歸因，誤以為宗教信仰是關鍵。就像有人用168的方式來減重，就是一天只有八個小時可以進食、十六個小時不可以進食；這背後的意涵，是希望透過只有八小時可以進食，所以會少吃一點，而不是要你把整天要吃的東西，都在八小時內吃完。若有人的宗教參與是自己一個人在家念經，而沒有和其他人互動，而宗教對人的影響又是透過社交來發生的，那麼這個人即便有很多的宗教參與，也不一定會受惠，因為他缺乏了社交參與。

不要被誤導了

當你看到一個研究結論說，在排除特定因素的影響之後，宗教對人是沒有影響的。這並不是說宗教完全對人沒有影響，而是宗教對人的影響，可能是透過其他因素而產生的。比方說，宗教可能是透過提升生命的意義感，進而對人產生影響，那麼如果透過統計分析的方式，排除了生命意義感改變的影響，就有可能會把宗教影響完全排除了，也許會錯誤的推論宗教對人沒有影響。以這個例子來說，我們比較適合下的結論是，宗教沒有直接影響，但可能有間接影響。

該怎麼提升靈性富足度？

要討論如何提升靈性的富足之前，要先對靈性富足究竟是什麼有一個定義。有一個我覺得很好的定義是這樣說的：**靈性是人類動態和內在的一面，透過它，人們尋求終極意義，並體驗與自我、家庭、他人、社區、社會、自然和重要或神聖事物的關**

係。靈性是透過信仰、價值觀、傳統和實踐來表達的。

以下的做法，對於提升老人心靈的富足都很不錯：

- **認識到靈性的多樣性：**了解並尊重老年人不同的信仰、價值觀和實踐。
- **促進有意義的聯繫：**鼓勵與家人、朋友和社區的互動，並支持參與團體活動。
- **鼓勵創造性表達：**提供機會讓老年人參與藝術、音樂、寫作或其他形式的創造性活動。
- **支持自我反思：**透過引導性對話或日記等方式，幫助老年人反思他們的人生目標和意義。
- **尊重個人信仰和價值觀：**不因為老人需要照顧就牴觸他的個人信仰和價值觀。
- **促進感恩之情：**鼓勵老年人表達對生活中美好事物的感激之情。
- **支持回憶：**透過照片、音樂或故事分享等方式，幫助老年人回憶過去的經歷。

你可以從當中選擇最適合自己的來實踐，但是要記得，重要的不是你到底做了多少，而是**你是否深度參與了這些活動的過程。**就像有人可能常會看自己以前的相薄，但是在看的時候，並沒有很深刻的去做反思，那麼即便有這樣的行動，對老人靈性的影響也是有限的。也就是說，若沒有打開你的心，那麼做再多也都沒有用。

還有一點很重要的，**就是靈性富足的關鍵，不在於你能做多少，而是你接受了自己能做多少。**很多人都是到了老的時候，發現很多事情不是自己的意志就能夠控制改變的，才逐漸願意接受這件事。對比之下，神父、修女等宗教人士，很早就體悟這樣的道理，也比較容易呈現靈性富足的狀態。

老人與靈性寄託

第一問：老人比較重視靈性？

答：是的，而且不只是在量的方面，在質的方面也有所不同，是更全面性的。

第二問：靈性富足對老人有好處嗎？

答：對老人的身心都有好處，不過究竟是透過怎樣的機制來影響老人，還不是很明確。

第三問：要怎麼提升靈性富足？

答：簡單的建議，就是要打開你的心，知道自己有所能、有所不能，

7

老人比較不怕死？

你怕死嗎？這個問題應該不容易回答，因為這受到很多因素的影響。如果你的日子非常愉悅，生活的各個層面都令人滿意，你應該不想死；相對的，如果你生活變悽慘的，你可能會想要尋死。除了對生活的滿意程度之外，年齡是否會影響我們對於死的看法呢？

老人是否比較怕死？

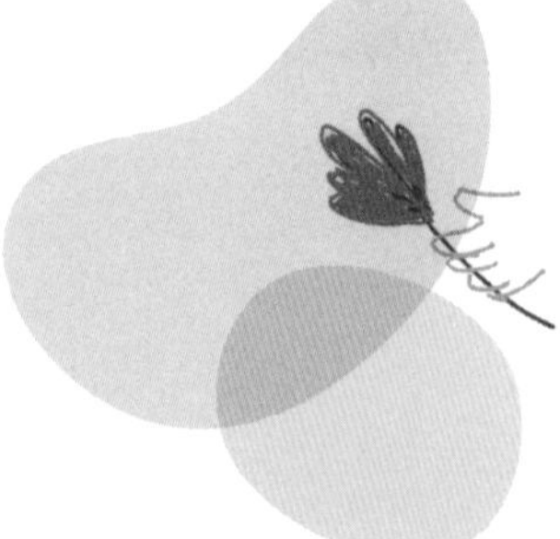

這個問題，並沒有一個好的答案，因為有的研究發現，老人比較不怕死；有的研究則發現，年齡與面對死亡的焦慮程度無關。也有研究發現，老人在一些外顯指標上，比較容易有死亡的焦慮；然而，年輕人在內隱指標上，比較容易有死亡的焦慮。若把兩種指標綜合考量，就會推論年齡對死亡焦慮沒有影響，但這樣的推論有點過於簡化年齡對死亡焦慮的影響。

科普小教室

多層面死亡恐懼量表（Multidimensional Fear of Death Scale, MFCDS）是目前最常用來了解人們對於死亡恐懼的量表。這量表包含了八個部分，分別為：1.瀕死過程的恐懼、2.對死者的恐懼、3.對屍體被毀的恐懼（如解剖、火化）、4.對重要他人死亡的恐懼、5.對未知的恐懼、6.對誤判死亡（未死卻被判定為已死）的恐懼、7.對死後屍體腐爛的恐懼、8.對於夭折的恐懼。在目前已經發表的研究中，有些指標是年輕人較高、有些指標是老人較高，在不同調查中的結果也不太一致，所以在詮釋結果的時候，要格外留意。

目前比較多的證據支持，在中年以前，隨著年齡增長，對死亡的焦慮是下降的；從中年到老年，對於死亡的焦慮並沒有明顯變化。然而沒有明顯的變化，不表示年齡不會對死亡的焦慮產生影響，而是不同因子交織影響的產物，最終形成了拉鋸。

即便在老人之間，也有很多因素會調節他們對於死亡的焦慮。比方說，老人若有越多生理上的不適，對於死亡的焦慮感就會越高。在心理面的影響因素更多，像是低自尊、心理健康出了狀況、對老的態度是比較負面的，都會提升老人的死亡焦慮。相對的，也有因素會降低死亡焦慮，像是有較虔誠的宗教信仰，或是覺得生命是有意義的等。

對死亡的焦慮會對老人有什麼影響？

死亡焦慮會以各種方式嚴重影響老年人，包括情緒和身體。在情緒的部分，包含了會加劇憂鬱和焦慮的感受、讓社交孤立的狀況更為嚴重以及降低生活滿意度等。在身體的部分，對於死亡的焦慮，會惡化老人的健康狀況，導致睡眠障礙，疼痛感的提升。

不過值得一提的是，研究幾乎都是看到這些因子之間的關聯性，而非因果關係；也就是說，老人對於死亡的焦慮，以及上述提到的影響，可能是相互影響，不一定是由於死亡的焦慮而導致那些後果，也有可能是因為有那些狀況，而導致老人會產生死亡的焦慮。比方說，老人可能因為身體健康狀況不佳，因而對死亡感到焦慮，而不一定是因為對死亡感到焦慮，而導致身體健康狀況不佳。

那麼，該如何減降低對於死亡的焦慮？

死亡焦慮也是焦慮的一種，在先前提到如何面對老人焦慮的建議：**認知行為治**

療、提升自我效能、正念冥想以及轉念，也都適用。除此之外，還有兩個額外的做法：

一、**感恩練習：**透過回顧自己的人生，感謝人生旅途上發生的事情，可以提升老人對自己生命的意義感，讓他們覺得人生沒什麼遺憾了，因而能降低對死亡的焦慮。

二、**回顧自己的貢獻：**根據恐懼管理理論（terror management theory），死亡是一切行為的動力。過去有研究發現，若給予死亡相關的線索，老人對於自己過去的貢獻，會有比較高的評估值。因此，可以透過回顧自己的貢獻，提升自我一體感（ego integrity），間接降低對於死亡的焦慮。

其實我們會害怕一件事，多半都是因為對這件事情不了解，而死亡偏偏又是一個人只能親身經歷過一次的事情。倘若觀察別人臨死的經驗是很糟糕的，在面對自己可能即將死亡，難免會有很高的焦慮。近年來，越來越多死亡體驗的服務，就是透過認識死亡，來降低死亡焦慮的做法。現在還有業者結合了虛擬實境，讓死亡體驗更擬真，也能幫助老人降低死亡焦慮。另外，有些人對於死亡的焦慮，是因為自已無法陪伴家人，伴隨人工智慧的快速發展，現在都能夠合成人的聲音或影像，讓在世的親人覺得你彷彿還在世。所以，對於無法陪伴家人而造成的焦慮，現在已經有還不錯的解決方案了。

老人比較怕死？

第一問：老人比較怕死嗎？

答：跟年輕人相比，老人比較不怕死；但跟中年人相比，就沒有明顯差異。

第二問：怕死對老人有什麼影響？

答：怕死對老人的影響蠻多的，但這些因素比較是相互影響，像是因為身體不好，所以怕死，反之，怕死也會導致身體不好。

第三問：如何降低死亡焦慮？

答：死亡焦慮也是一種焦慮，所以對抗焦慮的方式都適用。

參考資料

❶ 認知篇

1. 怎麼知道自己是正常的？ 還是大腦退化導致的加劇老化？ &
7. 要怎麼不失智？

https://www.ncbi.nlm.nih.gov/pmc/articles/PMC4015335/
https://academic.oup.com/bmb/article/92/1/135/332828
https://www.nature.com/articles/d41586-023-03482-9
https://doi.org/10.1017/s1355617711001470
http://dx.doi.org/10.1016/j.trci.2017.09.002
https://doi.org/10.1038/nature12486
https://doi.org/10.1177%2F0898264313518133
https://doi.org/10.1177/2040622317712442
https://doi.org/10.5014/ajot.2020.037820
https://doi.org/10.1016/j.arr.2021.101495
https://doi.org/10.3390/nu14051033
https://doi.org/10.3389/fnagi.2016.00276
https://www.kmuh.org.tw/www/kmcj/data/11207/11.htm
https://www.nejm.org/doi/full/10.1056/NEJMoa050151

2. 老人比較容易被騙？

https://doi.org/10.3390/ijerph20075404
https://doi.org/10.3389/fpsyg.2017.00588
https://doi.org/10.3389/fpsyg.2023.1118741
https://doi.org/10.1093/geronb/gby151
https://doi.org/10.1093/geronb/gby036
https://doi.org/10.3389/fpsyg.2022.912242
https://doi.org/10.3389/fpsyt.2021.685451

https://doi.org/10.1080/08946566.2018.1564105
https://doi.org/10.1080/08946566.2021.2024105
https://doi.org/10.1080/07317115.2012.749323

3. 老人的決策判斷能力比較差？

https://doi.org/10.1159%2F000485247
https://doi.org/10.1038/s41598-023-50500-x
https://psycnet.apa.org/doi/10.1037/pag0000736
https://www.jstor.org/stable/26908298
https://doi.org/10.3389/fpsyg.2012.00205
https://doi.org/10.1007/s12160-009-9094-7
https://doi.org/10.1016/j.pec.2023.107981
https://doi.org/10.1159/000339094
https://doi.org/10.1177%2F23814683221124090
https://doi.org/10.3233/jad-150291

4. 老人該繼續開車嗎？

https://doi.org/10.1093/geront/44.2.237
https://doi.org/10.1111/j.1444-0938.2002.tb03040.x
https://doi.org/10.1080/15389588.2016.1194980
https://doi.org/10.1111/j.1532-5415.2000.tb03880.x
https://doi.org/10.1016/j.trf.2020.07.009
https://doi.org/10.3389/fnagi.2019.00099
https://doi.org/10.1186/s40101-020-0213-2

5. 老人學得比較慢嗎？

https://psycnet.apa.org/doi/10.1037/a0012797
https://doi.org/10.3389/fnhum.2013.00142
https://doi.org/10.1016/j.neuroimage.2010.01.015
https://doi.org/10.3389/fpsyg.2013.00817
https://doi.org/10.1016/j.bbr.2020.112950

https://doi.org/10.3389/fnins.2011.00129
https://doi.org/10.1016/j.neuroimage.2017.12.053
https://doi.org/10.1016/j.neurobiolaging.2010.04.004
https://doi.org/10.1371%2Fjournal.pone.0137260
https://doi.org/10.1080/13825585.2022.2054926
http://dx.doi.org/10.1038/s41467-021-24576-w

6. 怎樣的認知訓練是有效的？

https://doi.org/10.1038/nature09042
https://doi.org/10.1038/nature12486
https://doi.org/10.3389/fpsyg.2018.02482
https://www.mdpi.com/2254-9625/10/3/63
https://www.frontiersin.org/articles/10.3389/fnagi.2018.00112/full
https://www.jneurosci.org/content/37/31/7390

❷ 人際篇

1. 家人好，還是朋友好？

https://journals.sagepub.com/doi/abs/10.1177/0002764295039002008
https://academic.oup.com/psychsocgerontology/article/69/3/366/624176
https://bmjopen.bmj.com/content/6/6/e011503.short
https://www.tandfonline.com/doi/full/10.1080/13607863.2016.1209734
https://www.airitilibrary.com/Article/Deta
il/23061790-202212-202212130009-202212130009-288-301
https://link.springer.com/article/10.1007/s10823-012-9177-y
https://academic.oup.com/psychsocgerontology/article/77/9/1710/6564346
http://dx.doi.org/10.5455/ijmsph.2015.21012015220
https://academic.oup.com/innovateage/article/1/3/igx025/4617833
https://www.mdpi.com/2308-3417/7/3/57
https://www.airitilibrary.com/Article/Deta

il/10139656-202003-202003300001-202003300001-1-29
https://www.tandfonline.com/doi/abs/10.1080/036012700267376
https://academic.oup.com/innovateage/article/3/1/igz005/5423647
https://psycnet.apa.org/record/2019-64493-001
https://www.airitilibrary.com/Article/Deta
il/10139656-202003-202003300001-202003300001-1-29
https://www.pnas.org/doi/abs/10.1073/pnas.1001715107

2. 朋友越多越好嗎？

https://doi.org/10.1017/S0144686X15000197
https://doi.org/10.1093/geronb/gbt029
https://link.springer.com/Social relations and life satisfaction: the role of friends | Genus | Full Textm/article/10.1186/s41118-018-0032-z
https://doi.org/10.1093/geroni/igz005
https://doi.org/10.1037/neu0000564
https://doi.org/10.1093/geronb/gbv118
https://academic.oup.com/psychsocgerontology/article/76/3/563/5707572
https://doi.org/10.3389/fpsyg.2023.1059057
https://doi.org/10.1017/S1355617720000259
https://psycnet.apa.org/doi/10.1037/pag0000672
https://www.airitilibrary.com/Common/Click_DOI?DOI=10.6283/JOCSG.202212_10(4).288
https://www.airitilibrary.com/Article/Detail?DocID=10213155-201606-201701100034-201701100034-9-23
https://doi.org/10.1177/02654075211067254
https://doi.org/10.1017/S0144686X22000666
https://doi.org/10.1080/10502556.2017.1375331
https://academic.oup.com/innovateage/article/1/2/igx015/4157719

3. 網路社交對老人有好處嗎？

https://doi.org/10.1017/S0144686X19001016
https://doi.org/10.1057/s41599-023-01536-x
https://doi.org/10.1093/geroni/igad022
https://doi.org/10.1080/0144929X.2022.2153082
https://doi.org/10.1016/j.chb.2022.107538
https://doi.org/10.1080/01924788.2023.2219518
https://doi.org/10.1080/02673843.2019.1590851
https://doi.org/10.1177/14614448211047845
https://doi.org/10.1016/j.jagp.2024.01.220
https://doi:10.1001/jamanetworkopen.2022.17240
https://doi.org/10.3390/ijerph20075404
https://doi.org/10.3389/fpubh.2022.981307
https://doi.org/10.1089/cyber.2019.0146

4. 跨世代互動是好的嗎？

https://doi.org/10.3390/ijerph20010836
https://doi.org/10.1080/03601277.2018.1520528
https://doi.org/10.1016/j.cegh.2023.101251
https://doi.org/10.1016%2Fj.archger.2021.104356
https://doi.org/10.1007%2Fs10433-018-00497-4
https://doi.org/10.1016/j.arr.2021.101400
https://\psycnet.apa.org/doi/10.1037/0882-7974.22.4.690
https://doi.org/10.1016/j.socscimed.2020.113374
https://hdl.handle.net/11296/vrst5k
https://www.bbc.com/future/article/20230525-how-to-make-multigenerational-living-a-success

5. 自己一個人好好過，不行嗎？

https://doi.org/10.1093/geronb/gby120

https://psycnet.apa.org/doi/10.1037/pag0000695
https://doi.org/10.1111/pere.12497
https://doi.org/10.4103/jfmpc.jfmpc_264_20
https://doi.org/10.3138/jcfs.25.2.183
https://doi.org/10.1177/0898264318781129
https://doi.org/10.1177/0164027599211003
https://doi.org/10.1016/S0277-9536(97)00065-8
https://doi.org/10.1016/S0735-1097(23)00751-9
https://www.ssa.gov/policy/docs/ssb/v67n2/v67n2p25.html
https://doi.org/10.1300/J083v42n02_05
https://doi.org/10.1371/journal.pone.0134260
https://statis.moi.gov.tw/micst/webMain.aspx?sys=100&funid=defjsp
https://ajph.aphapublications.org/doi/full/10.2105/AJPH.2016.303308

6. 該離婚，還是繼續下去？

https://doi.org/10.1080/10502556.2014.959097
https://doi.org/10.1093/geronb/gbw164
https://doi.org/10.1177/0192513X19832936
https://doi.org/10.1093/geronb/gbaa157
https://doi.org/10.1016/j.socscimed.2020.113030
https://doi.org/10.1016/j.socscimed.2024.117005
https://doi.org/10.1093/geroni/igae033
https://doi.org/10.1177/0192513X19839735
https://doi.org/10.1017/S0144686X10001017
https://doi.org/10.1093/geronb/gbae004
https://doi.org/10.3389/fpsyg.2022.866580

7. 喪偶後該追求第二春？

https://heinonline.org/HOL/LandingPage?handle=hein.journals/
techssj26&div=75&id=&page=

https://doi.org/10.1186/1471-2458-9-412
https://doi.org/10.1097/jnr.0b013e3182921ff6
https://doi.org/10.1017/S1041610215002240
https://doi.org/10.1080/07481188808252219
https://doi.org/10.1080/713685857
https://doi.org/10.1093/geronb/gbz121
https://doi.org/10.1093/geronb/56.1.S56
https://doi.org/10.1016/j.jad.2018.11.088
https://doi.org/10.1093/geronb/gbt058
https://qikan.cqvip.com/Qikan/Article/Detail?id=7103430296
https://doi.org/10.1016/j.socscimed.2021.114179
https://psycnet.apa.org/doi/10.1037/0882-7974.3.2.191
https://doi.org/10.1038/s41598-021-93210-y
https://doi.org/10.1080%2F08952841.2011.561139
https://doi.org/10.1093/geronb/gbz087

❸ 情緒篇

1. 老人情緒識別能力比較差嗎？

https://psycnet.apa.org/doi/10.1037/emo0001075
https://doi.org/10.1016/j.copsyc.2015.02.012
https://psycnet.apa.org/doi/10.1037/emo0001269
https://doi.org/10.1016/B978-0-323-95604-8.00011-3
https://doi.org/10.1080/13607863.2017.1396575
https://psycnet.apa.org/doi/10.1037/emo0000672
https://psycnet.apa.org/doi/10.1037/dev0001138
https://doi.org/10.1080/07317115.2022.2128706
https://doi.org/10.1093/scan/nsu129
https://doi.org/10.1007/s40520-023-02424-9
https://psycnet.apa.org/doi/10.1037/pag0000627

https://doi.org/10.1080/0361073X.2019.1586121
https://doi.org/10.1080/13607863.2021.1998350

2. 老人情緒調節能力比較好？

https://doi.org/10.3389/fpsyg.2019.02371
https://psycnet.apa.org/doi/10.1037/a0016562
https://psycnet.apa.org/doi/10.1037/emo0000645
https://doi.org/10.1016/j.clinph.2018.02.128
https://doi.org/10.1080/02699931.2017.1393399
https://doi.org/10.7717/peerj.5278
https://psycnet.apa.org/doi/10.1037/pag0000028
https://doi.org/10.1159/000328465
https://link.springer.com/article/10.1007/s10919-021-00369-z

3. 老人比較憂鬱嗎？

https://ourworldindata.org/grapher/depressive-disorders-prevalence-by-age
https://www.airitilibrary.com/Common/Click_DOI?DOI=10.6191/jps.2010.7
https://link.springer.com/article/10.1186/s12991-021-00375-x
https://www.sciencedirect.com/science/article/abs/pii/S1876201822004154
https://bmjopen.bmj.com/content/10/7/e036401.abstract
https://doi.org/10.1016/j.jagp.2018.04.003
https://doi.org/10.1038%2Fnrneurol.2011.60
https://doi.org/10.1016%2Fj.psc.2013.08.001

4. 孤單真的對老人有很大的影響嗎？

https://doi.org/10.1177/1745691614568352
https://doi.org/10.1371/journal.pmed.1000316
https://doi.org/10.1002/gps.2054
https://doi.org/10.1007/s10389-020-01338-4
https://doi.org/10.1017/S0959259809990074
https://www.tandfonline.com/doi/full/10.1080/13607863.2019.1655704

https://doi.org/10.1186/s12889-022-12567-5
https://doi.org/10.1016/j.yfrne.2023.101061
https://doi.org/10.1016/j.archger.2017.11.004
https://doi.org/10.1177/1757913920967040
https://doi.org/10.3389/fpsyg.2017.02003
https://doi.org/10.1016/j.jagp.2020.10.006
https://www.mdpi.com/1660-4601/21/1/100#
https://doi.org/10.4103%2F0972-6748.57861

5. 老人容易擔心？

https://doi.org/10.1002/gps.2215
https://doi.org/10.1111/j.1532-5415.2011.03824.x
https://doi.org/10.1016/j.jad.2007.11.008
https://doi.org/10.1017/S1041610209991712
https://doi.org/10.1111/ajag.12102
https://doi.org/10.1192/bjp.185.5.399
https://doi.org/10.1002/(SICI)1099-1166(1998100)13:10%3C717::AID-GPS857%3E3.0.CO;2-M
https://doi.org/10.1017/S0033291799001452
https://doi.org/10.1016/j.neuroimage.2023.120207
https://doi.org/10.1016/S0010-440X(00)80008-5
https://doi.org/10.1002/da.20653
https://doi.org/10.1016/j.janxdis.2010.05.002
https://gai.net.au/
https://doi.org/10.1016/j.janxdis.2011.08.010
https://doi.org/10.1038/s41598-019-40698-0
https://doi.org/10.1007/s11920-015-0595-8
https://doi.org/10.1155/2016/8457612
https://doi.org/10.1016/j.jagp.2017.08.015
https://doi.org/10.1016/j.neurobiolaging.2021.01.009

https://doi.org/10.1016/j.jagp.2023.08.014
https://doi.org/10.1017/S1041610214000891
https://doi.org/10.31887%2FDCNS.2003.5.3%2Flstaner
https://psycnet.apa.org/doi/10.1037/a0016813
https://doi.org/10.1177/1073191102009001009
https://psycnet.apa.org/doi/10.4067/S0718-48082017000100007

6. 老人情緒比較穩定嗎？

https://psycnet.apa.org/doi/10.1037/a0030047
https://psycnet.apa.org/doi/10.1037/emo0000734
https://psycnet.apa.org/doi/10.1037/a0038690
https://psycnet.apa.org/doi/10.1037/pag0000138
https://doi.org/10.1007/s12144-020-00743-y
https://doi.org/10.1016/j.biopsych.2010.10.013
https://doi.org/10.3389/fpsyg.2019.00091
https://doi.org/10.1016/j.copsyc.2023.101763
https://doi.org/10.1093/geronb/gbab203
https://doi.org/10.1002/hbm.26621
https://doi.org/10.1016/j.bbr.2019.03.049

7. 老人情緒失控怎麼解？

https://doi.org/10.1002/jnr.25282
https://doi.org/10.1038/s43587-022-00341-6
https://doi.org/10.1002/alz.055842
https://psycnet.apa.org/doi/10.1037/emo0000734

❹ 價值篇

1. 老人比較固執嗎？

https://academic.oup.com/psychsocgerontology/article/71/4/602/2604928

https://www.nytimes.com/2019/08/30/health/stubbornness-parents-elderly.html
https://doi.org/10.1111/j.1471-6712.2006.00379.x
https://www.jstor.org/stable/1041104
https://www.usatoday.com/story/life/health-wellness/2021/07/08/children-caregiving-aging-parents-feel-anger-stress-frustration/7901360002/
https://psycnet.apa.org/doi/10.1037/bul0000365
https://www.frontiersin.org/articles/10.3389/fnagi.2023.1152582/full
https://www.tandfonline.com/doi/full/10.1080/13607863.2023.2241017
https://www.mdpi.com/2076-328X/9/9/96
https://doi.org/10.1177%2F0956797613494853
https://doi.org/10.1093%2Fgeronb%2Fgbw006
https://psycnet.apa.org/record/2011-06475-001
https://doi.org/10.2224/sbp.2008.36.4.559

2. 老人不喜歡求助？

https://www.airitilibrary.com/Common/Click_DOI?DOI=10.6129%2fCJP.2003.4503.06
https://psycnet.apa.org/doi/10.1016/j.jaging.2015.04.003
https://doi.org/10.1086/668536
https://onlinelibrary.wiley.com/doi/full/10.1111/jocn.16104
https://doi.org/10.1177%2F07334648211067710
https://doi.org/10.1186/s12877-022-03217-x
https://doi.org/10.1093/geront/gnt047
https://doi.org/10.1093/ageing/afx189
https://doi.org/10.1177/0733464819842500
https://doi.org/10.1093/eurpub/ckz186.481
https://doi.org/10.1111/jgs.13245

3. 老人就是比較容易有偏見？

https://journals.sagepub.com/doi/abs/10.1177/0146167200267001

https://doi.org/10.1016/j.jesp.2008.11.004

https://www.sciencedirect.com/science/article/abs/pii/S0022103109002315

https://psycnet.apa.org/record/2014-38247-003

https://www.sciencedirect.com/science/article/pii/S0120053414700172

https://www.tandfonline.com/doi/full/10.1080/13825580802187200

https://www.tandfonline.com/doi/full/10.1080/0361073X.2015.1021647

https://academic.oup.com/scan/article/11/11/1752/2514620

https://psycnet.apa.org/doi/10.1037/pag0000420

https://psycnet.apa.org/record/2014-38247-009

https://journals.plos.org/plosone/article?id=10.1371/journal.pone.0152698

https://www.tandfonline.com/doi/full/10.1080/0361073X.2018.1475152

https://psycnet.apa.org/record/2014-38247-004

4. 越老會越保守嗎？

https://doi.org/10.1086/706889

https://doi.org/10.1016/j.paid.2010.09.002

https://doi.org/10.1016/j.electstud.2022.102485

https://doi.org/10.1016/j.amjmed.2016.01.054

https://psycnet.apa.org/doi/10.1037/pag0000272

https://doi.org/10.1177/0146167214563672

5. 老了消費行為會改變？

https://doi.org/10.1111/psyg.12453

https://doi.org/10.1016/j.ejpoleco.2012.09.004

https://doi.org/10.1108/07363760610655023

https://doi.org/10.1007/s43546-021-00180-4

https://doi.org/10.1007/s11301-016-0121-z

https://doi.org/10.3390/su141811352

https://doi.org/10.1007/s11002-023-09681-8
https://doi.org/10.1108/EJM-06-2021-0440
https://www.rand.org/pubs/research_reports/RRA2355-1.html.
https://news.gallup.com/poll/393494/older-adults-sacrificing-basic-needs-due-healthcare-costs.aspx
https://doi.org/10.1080/10447318.2020.1861419
https://doi.org/10.1093/geront/gnx007

6. 老人比較在意靈性寄託？

https://doi.org/10.2307/1387007
https://doi.org/10.1111/jssr.12613
https://doi.org/10.1016/S1524-9042(03)00070-5
https://doi.org/10.1080/13607863.2021.1989378
https://doi.org/10.2147/CIA.S414855
https://doi.org/10.1080/13617672.2024.2361496
https://doi.org/10.1017/S0144686X09990766
https://doi.org/10.1016/j.socscimed.2006.05.007
https://doi.org/10.1016/j.ssmph.2016.04.009
https://doi.org/10.5402/2012/278730
https://doi.org/10.1007/s10943-013-9781-3
https://doi.org/10.1080/15528030.2019.1651239

7. 老人比較不怕死？

https://doi.org/10.1300/J496v18n02_08
https://doi.org/10.1080/07481180302904
https://doi.org/10.1080/074811899200920
https://doi.org/10.1300/J078v14n04_04
https://doi.org/10.3389%2Ffmed.2017.00011
https://doi.org/10.1186/s12877-019-1316-7
https://doi.org/10.3390%2Fijerph18189857

https://doi.org/10.1017/S0714980816000143
https://doi.org/10.2190/U0M0-BWMV-WF6F-U4DH
http://dx.doi.org/10.1080/07481187.2016.1206997
https://doi.org/10.1093/geronb/57.4.P358
https://psycnet.apa.org/doi/10.1037/0022-006X.47.5.996
https://www.airitilibrary.com/Common/Click_DOI?DOI=10.6192%2fCGUST.2009.12.11.12
https://doi.org/10.1007%2Fs10433-011-0195-3
http://dx.doi.org/10.1177/00302228211053159

國家圖書館出版品預行編目資料

變老不可怕,只要你做好準備：心理學博士用科學證據破除老化迷思,陪你一起迎向美好的第三人生/黃揚名著. -- 一版. -- 臺北市：商周出版：英屬蓋曼群島商家庭傳媒股份有限公司城邦分公司發行, 2024.09
面； 公分. -- (ViewPoint ; 127)
ISBN 978-626-390-263-3(平裝)

1.CST: 老人學 2.CST: 生活指導

544.8 113012163

線上版讀者回函卡

ViewPoint 127

變老不可怕，只要你做好準備

——心理學博士用科學證據破除老化迷思，陪你一起迎向美好的第三人生

作　　者／黃揚名
企劃選書／黃靖卉
責任編輯／黃靖卉

版　　權／吳亭儀、江欣瑜
行銷業務／周佑潔、林詩富、吳淑華、賴玉嵐
總 編 輯／黃靖卉
總 經 理／彭之琬
第一事業群總經理／黃淑貞
發 行 人／何飛鵬
法律顧問／元禾法律事務所 王子文律師
出　　版／商周出版
台北市115南港區昆陽街16號4樓
電話：(02) 25007008 傳真：(02)25007759
blog: http://bwp25007008.pixnet.net/blog E-mail：bwp.service@cite.com.tw
發　　行／英屬蓋曼群島商家庭傳媒股份有限公司城邦分公司
台北市115南港區昆陽街16號8樓
書虫客服服務專線：02-25007718；25007719 24小時傳真專線：02-25001990；25001991
服務時間：週一至週五上午09:30-12:00；下午13:30-17:00
劃撥帳號：19863813；戶名：書虫股份有限公司
讀者服務信箱：service@readingclub.com.tw 城邦讀書花園 www.cite.com.tw
香港發行所／城邦（香港）出版集團有限公司
香港九龍土瓜灣土瓜灣道86號順聯工業大廈6樓A室_E-mail : hkcite@biznetvigator.com
電話：(852) 25086231 傳真：(852) 25789337
馬新發行所／城邦（馬新）出版集團【Cite (M) Sdn Bhd】
41, Jalan Radin Anum, Bandar Baru Sri Petaling, 57000 Kuala Lumpur, Malaysia.
電話：(603) 90563833 傳真：(603) 90576622 Email：services@cite.my

封面插畫／graphic narrator
封面設計／林曉涵
排版設計／林曉涵
印　　刷／中原造像股份有限公司
經 銷 商／聯合發行股份有限公司
新北市231新店區寶橋路235巷6弄6號2樓電話：(02) 29178022 傳真：(02) 29110053

■2024年9月3日初版一刷
■2024年11月21日初版2.1刷
Printed in Taiwan
定價400元

城邦讀書花園
www.cite.com.tw

ISBN 978-626-390-263-3